ACADEMIC

KOREAN LISTENING

Intermediate Level Ⅰ

QR code/MP3

대학 강의 수강을 위한

한국어 듣기

중급 Ⅰ

연세대학교 한국어학당 편

연세대학교 출판문화원

대학 강의 수강을 위한

한국어 듣기 (중급 Ⅰ)

편저자 연세대학교 한국어학당 교재편찬위원회
집필진 한송화·강혜림·조인옥·박민진·박지원
펴낸곳 연세대학교 출판문화원

주소 서울시 서대문구 연세로 50
전화 02) 2123-3380~2
팩스 02) 2123-8673
ysup@yonsei.ac.kr
http://www.yonsei.ac.kr/press
등록 1955년 10월 13일 제9-60호
인쇄 화신문화 (주)
삽화 문춘경 외
녹음 MS미디어
성우 윤미나·전광주

2012년 5월 25일 1판 1쇄 2025년 3월 28일 1판 9쇄

ISBN 978-89-7141-989-2 (08710)
978-89-7141-987-8 (세트)

값 10,000원

머리말

국내 최고의 명성으로 한국어 교육의 50년 전통을 이어 온 연세대학교 언어연구교육원 한국어학당에서는 한국어 교육의 질을 높이기 위해 그동안 많은 교재를 편찬해 왔다. 최근 한국 내 대학, 대학원에서 수학하고 있거나 진학하고자 하는 외국인이 증가함에 따라 학문을 목적으로 하는 한국어 교재에 대한 학습자들의 요구가 높아지고 있다. 이에 따라 연세대학교 언어연구교육원 한국어학당에서는 대학 수학을 목적으로 하는 외국인 유학생들을 대상으로 한국어와 한국 문화를 교육할 수 있는 새로운 교재를 출간하게 되었다.

연세대학교 언어연구교육원 한국어학당에서 출간하는 이 교재는 대학 생활에 필요한 의사소통 기능을 집중적으로 향상시킬 수 있는『대학 생활을 위한 한국어』시리즈와 대학에서의 수학 능력을 집중적으로 향상시킬 수 있는『대학 강의 수강을 위한 한국어』시리즈로 되어 있다.『대학 생활을 위한 한국어』시리즈는 초급 학습자를 위한『대학 생활을 위한 한국어 초급』, 중급 학습자를 위한『대학 생활을 위한 한국어 중급Ⅰ』,『대학 생활을 위한 한국어 중급Ⅱ』로 되어 있으며,『대학 강의 수강을 위한 한국어』시리즈는 중급 학습자를 위한『대학 강의 수강을 위한 한국어 중급Ⅰ』,『대학 강의 수강을 위한 한국어 중급Ⅱ』그리고 고급 학습자를 위한『대학 강의 수강을 위한 한국어 고급』으로 되어 있다.

『대학 생활을 위한 한국어』시리즈는 한국어 학습 단계별로 요구되는 내용을 주제로 말하기, 듣기, 쓰기 능력을 향상할 수 있도록 다양한 과제와 활동으로 구성된 분리형 교재이다. 그리고『대학 강의 수강을 위한 한국어』시리즈는 대학 수학에서 요구되는 기능과 장르를 중심으로 말하기, 듣기, 쓰기, 읽기 능력을 향상할 수 있도록 실용적인 과제와 활동으로 구성된 분리형 교재이다. 이들 교재에서는 학습자들이 흥미를 가질 수 있는 주제와 상황을 기초로 여러 가지 의사소통 기능 및 전략을 배울 수 있도록 배려하였다.

『대학 생활을 위한 한국어』와『대학 강의 수강을 위한 한국어』가 연세대학교 언어연구교육원 한국어학당에서 공부하는 학생들뿐만 아니라 한국 내에서 대학, 대학원 수학을 목적으로 하고 있는 모든 한국어 학습자들에게 도움이 되기를 바란다.

연세대학교 언어연구교육원
한국어학당 교재편찬위원회

일러두기

- 『대학 강의 수강을 위한 한국어 듣기 중급 I』은 총 10개의 단원으로 이루어져 있고 뒤에 듣기 지문, 답안, 어휘 및 표현 색인이 학습자를 위한 자료로 붙어 있다.
- 각 단원에서는 제목과 함께 담화 형식 및 기능이 드러나도록 학습목표가 제시된다.
- 각 단원은 모두 세 단계로 구성되며, 이는 [준비해 봅시다], [들어 봅시다], [정리해 봅시다]로 구성된다.

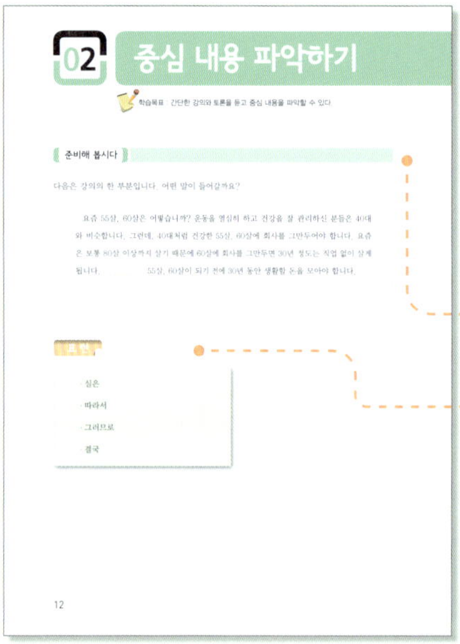

준비해 봅시다

도입 단계로서 단원의 학습목표 기능에 대한 선지식을 불러일으킬 수 있는 읽기 활동으로 구성된다.

- 학습목표 기능에 대한 선지식을 불러일으킬 수 있는 준비 활동으로서 목표 기능의 표현을 유추할 수 있는 간단한 지문이 제시된다.
- 학습목표 듣기 기능이 드러나는 담화표지 및 표현이 제시된다.

들어 봅시다

총 3단계로 구성되며, 각 단계는 난이도와 길이에 있어서 각각 구분이 되도록 구성하였다.
[들어 봅시다]에서는 듣기 전에 듣기 내용과 관련된 어휘를 확인하기 위해 난이도를 고려하여 새 어휘가 제시된다.

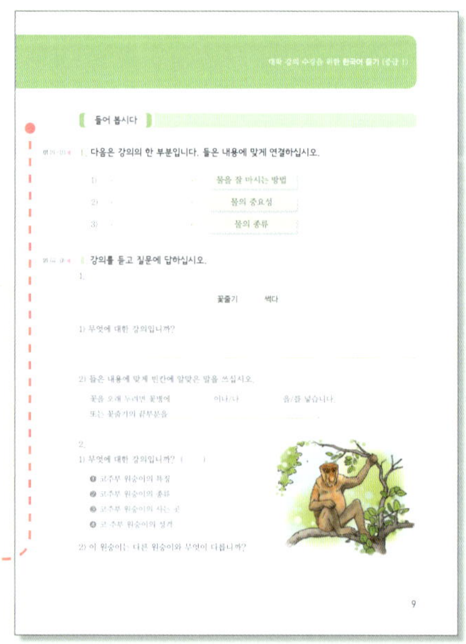

I 단계에서는 한 단락 정도의 짧은 강의나 토론이 3개 제시되며, 단원의 학습목표인 듣기 기능을 연습할 수 있도록 질문이 제시된다.

Ⅱ단계는 총 3개의 강의 및 토론 담화로 구성된다. 이에서는 Ⅰ단계보다 다소 길고 난이도가 높은 강의나 토론 담화를 듣고 전 단계에서 연습한 듣기 기능을 다시 연습하고 더 나아가 세부 내용 이해까지 할 수 있도록 기능 관련 질문과 세부 내용 질문이 제시된다.

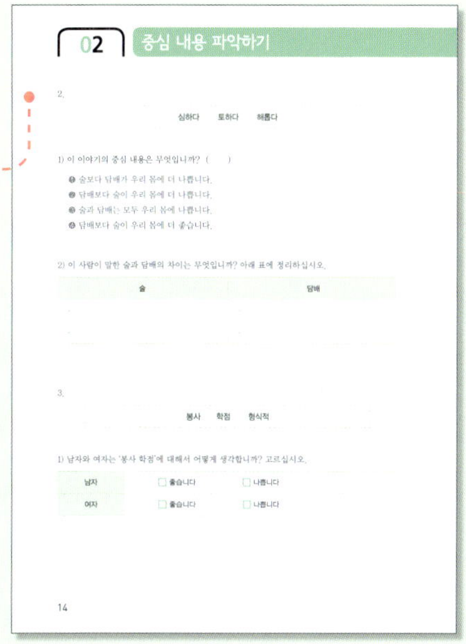
02 중심 내용 파악하기

2.

심하다 토하다 해롭다

1) 이 이야기의 중심 내용은 무엇입니까? (   )

① 술보다 담배가 우리 몸에 더 나쁩니다.
② 담배보다 술이 우리 몸에 더 나쁩니다.
③ 술과 담배는 모두 우리 몸에 나쁩니다.
④ 담배보다 술이 우리 몸에 더 좋습니다.

2) 이 사람이 말한 술과 담배의 차이는 무엇입니까? 아래 표에 정리하십시오.

술	담배

3.

봉사 학점 형식적

1) 남자와 여자는 '봉사 학점'에 대해서 어떻게 생각합니까? 고르십시오.

남자	□ 좋습니다	□ 나쁩니다
여자	□ 좋습니다	□ 나쁩니다

14

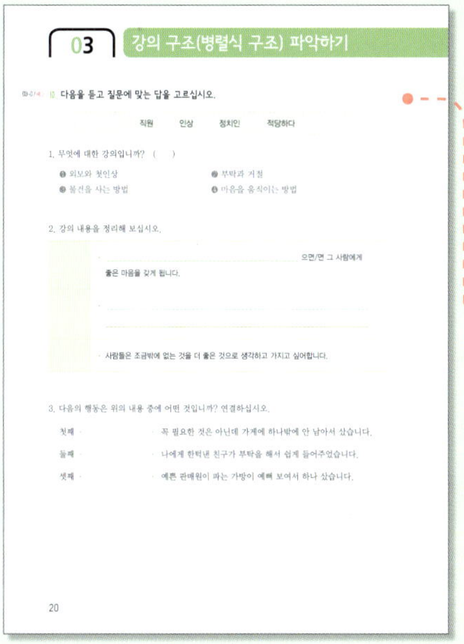
03 강의 구조(병렬식 구조) 파악하기

10. 다음을 듣고 질문에 맞는 답을 고르십시오.

직원 인상 정치인 적당하다

1. 무엇에 대한 강의입니까? (   )

① 외모와 첫인상
② 부탁과 거절
③ 물건을 사는 방법
④ 마음을 움직이는 방법

2. 강의 내용을 정리해 보십시오.

· ________ 으면/면 그 사람에게 좋은 마음을 갖게 됩니다.

· ________

· 사람들은 조금밖에 없는 것을 더 좋은 것으로 생각하고 가지고 싶어합니다.

3. 다음의 행동은 위의 내용 중에 어떤 것입니까? 연결하십시오.

첫째 · · 꼭 필요한 것은 아닌데 가게에 하나밖에 안 남아서 샀습니다.
둘째 · · 나에게 한턱낸 친구가 부탁을 해서 쉽게 들어주었습니다.
셋째 · · 예쁜 판매원이 파는 가방이 예뻐 보여서 하나 샀습니다.

20

Ⅲ단계에서는 실제적인 강의나 토론 내용을 들음으로써 단원의 목표 기능을 다시 확인하고 세부 내용 이해 및 강의 내용에 대한 정리를 할 수 있도록 다양한 질문이 제시된다.

정리해 봅시다

단원의 목표 듣기 기능에 대한 지식 점검과 평가를 통해 듣기 활동을 정리하고 마무리한다.

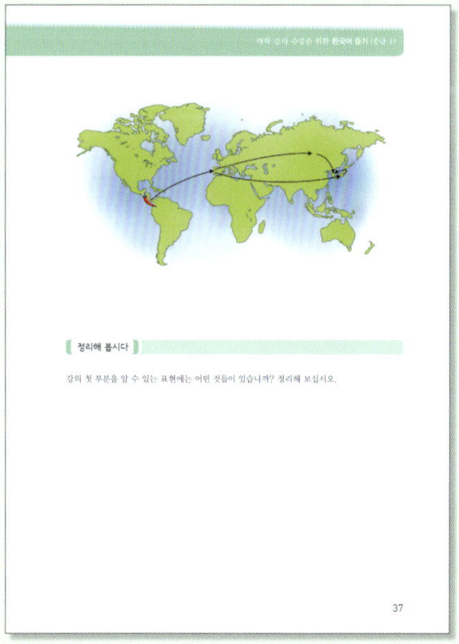
정리해 봅시다

강의 첫 부분을 알 수 있는 표현에는 어떤 것들이 있습니까? 정리해 보십시오.

37

차례

내용 구성

과	제목	과제와 기능	표현
1	주제 파악하기	간단한 설명 듣고 주제 파악하기	주제 제시 관련 표현
2	중심 내용 파악하기	강의와 토론의 중심 내용 파악하기	결론 제시 관련 표현
3	강의 구조(병렬식 구조) 파악하기	병렬식 구조의 강의 이해하기	병렬식 구조 관련 담화표지
4	강의 구조(인과 구조) 파악하기	인과 구조의 강의 이해하기	인과 구조 관련 담화표지
5	강의 구조(예시 구조) 파악하기	예시 구조의 강의 이해하기	예시 구조 관련 담화표지
6	강의 도입부 이해하기	강의 도입부 이용하여 강의 구조 이해하기	강의 시작 담화표지
7	강의 종결부 이해하기	강의 종결부 이용하여 강의 구조 이해하기	강의 종결 담화표지
8	화제 전환 이해하기	강의나 토론의 화제 전환 이해하기	화제 전환 담화표지
9	강의 듣고 요약하기	강의 내용 요약하기	강의 구조 관련 담화표지
10	토론 듣고 요약하기	토론 내용 요약하기	토론 진행 관련 표현

01 주제 파악하기

학습목표 : 간단한 설명을 듣고 주제를 파악할 수 있다.

준비해 봅시다

다음은 강의의 한 부분입니다. 어떤 말이 들어갈까요?

인터넷이 언제 그리고 어떻게 만들어졌을까요? 오늘은 인터넷의 역사__________ 공부하겠습니다. 인터넷은 1969년에 미국의 군인들이 사용하려고 만들었습니다. 그때의 이름은 알파넷이었습니다. 이 알파넷은 사용하는 방법도 지금의 인터넷과는 매우 다르고 복잡했습니다.

표현

- __________에 대해(서)
- __________에 관해(서)

들어 봅시다

MP3/01

I. 다음은 강의의 한 부분입니다. 들은 내용에 맞게 연결하십시오.

1) • • 물을 잘 마시는 방법

2) • • 물의 중요성

3) • • 물의 종류

II. 강의를 듣고 질문에 답하십시오.

1.

꽃줄기 썩다

1) 무엇에 대한 강의입니까?

2) 들은 내용에 맞게 빈칸에 알맞은 말을 쓰십시오.

꽃을 오래 두려면 꽃병에 ________ 이나/나 ________ 을/를 넣습니다.
또는 꽃줄기의 끝부분을 ________________.

2.

1) 무엇에 대한 강의입니까? ( )

❶ 코주부 원숭이의 특징
❷ 코주부 원숭이의 종류
❸ 코주부 원숭이의 사는 곳
❹ 코 주부 원숭이의 성격

2) 이 원숭이는 다른 원숭이와 무엇이 다릅니까?

3.

날다 날아다니다 움직이다 행동 느려지다 얼음물

1) 무엇에 대한 강의입니까? 쓰십시오.

2) 들은 내용과 같으면 ○, 다르면 × 하십시오.

❶ 초파리는 과일 껍질 근처에 많이 모입니다. ( )
❷ 초파리는 집파리보다 큽니다. ( )
❸ 초파리는 집파리보다 날아다니는 시간이 깁니다. ( )
❹ 초파리는 올라갈 때 옆으로 날아 올라갑니다. ( )

3) 초파리가 가장 잘 움직일 수 있는 온도는 몇 도에서 몇 도 사이입니까? 쓰십시오.

01-07 III. **다음 강의를 듣고 질문에 답하십시오.**

고유 경우

1. 무엇에 대한 강의입니까? 쓰십시오.

2. 외래어는 무엇입니까?

외래어는?	
외래어의 예	

3. 들은 내용과 같으면 ○, 다르면 × 하십시오.

❶ '버스, 택시'는 외래어입니다. ( )
❷ 외래어는 한국어가 아닙니다. ( )
❸ 외래어는 모두 한국말로 바꿀 수 있습니다. ( )

정리해 봅시다

강의를 듣고 주제를 잘 찾을 수 있습니까? 어떻게 찾을 수 있습니까? 같이 이야기해 보십시오.

02 중심 내용 파악하기

학습목표 : 간단한 강의와 토론을 듣고 중심 내용을 파악할 수 있다.

준비해 봅시다

다음은 강의의 한 부분입니다. 어떤 말이 들어갈까요?

요즘 55살, 60살은 어떻습니까? 운동을 열심히 하고 건강을 잘 관리하신 분들은 40대와 비슷합니다. 그런데, 40대처럼 건강한 55살, 60살에 회사를 그만두어야 합니다. 요즘은 보통 80살 이상까지 살기 때문에 60살에 회사를 그만두면 30년 정도는 직업 없이 살게 됩니다. ________ 55살, 60살이 되기 전에 30년 동안 생활할 돈을 모아야 합니다.

표 현

- 실은
- 따라서
- 그러므로
- 결국

들어 봅시다

MP3/02

I. 다음 세 사람은 '초등학생이 휴대전화를 사용하는 것'에 대해 어떻게 생각합니까?

다치다　　사고가 나다　　쓸데없다

1) ·
2) ·
3) ·

· 초등학생이 휴대전화를 사용하는 것에 찬성합니다.

· 초등학생이 휴대전화를 사용하는 것에 반대합니다.

II. 다음은 토론과 강의의 한 부분입니다. 듣고 질문에 답하십시오.

1.

대중교통　　기름　　절약하다

1) 이 이야기의 중심 내용은 무엇입니까? (　　)

❶ 대중교통을 이용합시다.　　❷ 교통비를 아낍시다.
❸ 기름을 절약합시다.　　❹ 공기를 깨끗하게 합시다.

2) 이 사람이 말한 버스나 지하철의 좋은 점을 두 개 고르십시오. (　　,　　)

❶ 편합니다　　❷ 안전합니다
❸ 쌉니다　　❹ 빠릅니다

02 중심 내용 파악하기

2.

심하다　　토하다　　해롭다

1) 이 이야기의 중심 내용은 무엇입니까? (　　)

❶ 술보다 담배가 우리 몸에 더 나쁩니다.
❷ 담배보다 술이 우리 몸에 더 나쁩니다.
❸ 술과 담배는 모두 우리 몸에 나쁩니다.
❹ 담배보다 술이 우리 몸에 더 좋습니다.

2) 이 사람이 말한 술과 담배의 차이는 무엇입니까? 아래 표에 정리하십시오.

술	담배
·	·
·	·

3.

봉사　　학점　　형식적

1) 남자와 여자는 '봉사 학점'에 대해서 어떻게 생각합니까? 고르십시오.

남자	☐ 좋습니다	☐ 나쁩니다
여자	☐ 좋습니다	☐ 나쁩니다

2) 남자와 여자는 '봉사 학점'에 대해서 왜 그렇게 생각합니까? 이유를 고르십시오.

남자가 그렇게 생각하는 이유	
여자가 그렇게 생각하는 이유	

❶ 봉사보다 공부가 더 중요합니다.
❷ 공부도 하고 봉사활동도 할 수 있습니다.
❸ 학점을 받으려고 하기 때문에 형식적으로 합니다.
❹ 봉사활동을 한 번 해 보면 계속하고 싶은 마음이 생깁니다.

Ⅲ. 다음 강의를 듣고 질문에 답하십시오.

1. 이 사람이 이야기하고 싶어하는 것은 무엇입니까? 중심 내용을 쓰십시오.

2. 들은 내용과 같은 것을 고르십시오. (   )

❶ 이 사람은 아침에 일어나서 하루를 계획합니다.
❷ 이 사람은 돈을 벌려고 열심히 노력했습니다.
❸ 이 사람은 즐겁게 노는 것을 가장 중요하게 생각합니다.
❹ 이 사람은 어려운 문제도 좋은 기회로 생각했습니다.

3. 이 사람은 어떤 사람일까요? (   )

❶ 즐겁게 일하는 사람
❷ 다른 사람을 많이 도와준 사람
❸ 돈을 많이 벌고 싶어하는 사람
❹ 재미있는 이야기를 해 주는 사람

정리해 봅시다

이야기를 듣고 중심 내용을 찾을 수 있습니까? 어떻게 중심 내용을 찾을 수 있었습니까? 이야기 해 보십시오.

03 강의 구조(병렬식 구조) 파악하기

학습목표 : 병렬식 구조의 강의나 발표를 듣고 이해할 수 있다.

준비해 봅시다

다음은 강의의 중간 부분입니다. 어떤 말이 들어갈까요?

한국말은 어떤 특징이 있을까요? ________, 한국말에는 한국 고유의 말도 있지만 한자어와 외래어도 많습니다. ________, 한국말에는 존대법이 있어서 말하는 사람과 듣는 사람의 관계에 따라 '집' 또는 '댁'과 같이 다른 말을 사용합니다. ________, 한국말에는 소리나 모양을 나타내는 단어가 많은데, 예를 들면, '쾅쾅'이나 '반짝반짝' 같은 말이 있습니다.

표 현

- 첫째, 둘째, 셋째
- 먼저, 다음으로, 마지막으로
- 그리고, 또, 또한

들어 봅시다

MP3/03

I. 다음 강의를 듣고 맞는 내용을 쓰십시오.

대상	설문 조사	권하다	안주	지방	풀어 주다	성장

1)

외국 사람들에게 권하고 싶은 음식

1. 불고기
2. ____________
3. 잡채
4. ____________

2)

한국 사람들이 좋아하는 술과 안주

1. 소주와 삼겹살
2. 맥주와 ____________
3.

3)

양파의 효과

1. 다이어트에 좋습니다.
2. ____________
3. 어린이의 성장을 돕습니다.

03 강의 구조(병렬식 구조) 파악하기

Ⅱ. 다음은 강의의 한 부분입니다. 듣고 질문에 답하십시오.

1.

익숙하다	낯설다

1) 무엇에 대한 강의입니까? (　　)

❶ 발표 주제 정하기　　❷ 발표를 잘하는 방법

❸ 발표 장소 정하기　　❹ 발표 내용을 쓰는 방법

2) 여기에서 말한 방법을 두 개 고르십시오. (　　,　　)

❶ 몸을 풀어줍니다.

❷ 발표할 장소에 미리 가 봅니다.

❸ 사람들이 좋아할 말을 준비합니다.

❹ 발표하기 전에 연습을 많이 합니다.

2.

환경오염	심각하다	먹이	처하다	북극곰
떠 있다	플러그	아껴 쓰다		

1) 무엇에 대한 내용입니까? 쓰십시오.

__________________을/를 줄이는 방법

2) 들은 내용을 정리해 보십시오.

- 첫째, 쓰레기를 줄여야 합니다.
- 둘째, ______________________________는 것이 좋습니다.
- 셋째, ______________________________기 위해 노력해야 합니다.

3.

짓다	통통하다	담그다	생수

1) 무엇에 대한 이야기입니까? (　　)

❶ 쌀밥의 영양
❷ 좋은 쌀을 고르는 방법
❸ 쌀을 보관하는 방법
❹ 밥을 맛있게 짓는 방법

2) 이 강의에서 말하는 방법을 정리하십시오.

1. ______________________________.

2. 쌀을 씻은 첫 번째 물은 빨리 버리는 것이 좋습니다.

3. ______________________________.

03 강의 구조(병렬식 구조) 파악하기

Ⅲ. 다음을 듣고 질문에 맞는 답을 고르십시오.

직원　　인상　　정치인　　적당하다

1. 무엇에 대한 강의입니까? (　　)

❶ 외모와 첫인상　　❷ 부탁과 거절
❸ 물건을 사는 방법　　❹ 마음을 움직이는 방법

2. 강의 내용을 정리해 보십시오.

- ______________________ 으면/면 그 사람에게 좋은 마음을 갖게 됩니다.
- ______________________
- 사람들은 조금밖에 없는 것을 더 좋은 것으로 생각하고 가지고 싶어합니다.

3. 다음의 행동은 위의 내용 중에 어떤 것입니까? 연결하십시오.

첫째 ·	· 꼭 필요한 것은 아닌데 가게에 하나밖에 안 남아서 샀습니다.
둘째 ·	· 나에게 한턱낸 친구가 부탁을 해서 쉽게 들어주었습니다.
셋째 ·	· 예쁜 판매원이 파는 가방이 예뻐 보여서 하나 샀습니다.

정리해 봅시다

나열된 내용을 빠짐없이 들을 수 있었습니까? 어려운 것이 있으면 선생님과 함께 이야기해 보십시오.

04 강의 구조(인과 구조) 파악하기

학습목표 : 담화 표지를 이용하여 전체 구조(인과 구조)를 파악할 수 있다.

준비해 봅시다

다음은 강의의 한 부분입니다. 어떤 말이 들어갈까요?

시험을 잘 보려면 아침형 인간이 좋을까요? 저녁형 인간이 좋을까요? 사람마다 차이는 있겠지만 보통 아침형 인간이 저녁형 인간보다 시험을 더 잘 볼 수 있다고 합니다. ________ 우리가 보게 되는 시험이 대부분 오전에 있기 때문입니다. 물론 오전에 시작해서 오후까지 보는 시험도 있지만 저녁에 보는 시험은 거의 없습니다. ________ 오전에 보는 시험 시간에 몸의 상태를 맞추는 것이 좋겠습니다.

표현

- 왜냐하면
- 그 이유는
- 그 원인은
- 그러므로
- 그래서
- 그러니까

들어 봅시다

MP3/04

Ⅰ. 다음은 강의의 한 부분입니다. 이유를 맞게 연결하십시오.

치아　영향　빠지다　관리하다　예정　주의하다　상의하다

치아는 왜 중요합니까?	위의 건강에 좋고 생활하는 힘을 주기 때문입니다.
마늘을 왜 주의해서 먹어야 합니까?	수술을 받을 예정이거나 위가 약한 사람에게는 좋지 않습니다.
왜 적은 양을 하루에 6번 자주 먹는 것이 좋습니까?	겉모습에 큰 영향을 주기 때문입니다.

Ⅱ. 다음은 강의의 한 부분입니다. 듣고 질문에 답하십시오.

1.

건조하다　습도　바이러스　남극

1) 겨울철에 감기에 잘 걸리는 이유는 무엇입니까? 쓰십시오.

2) 들은 내용과 같은 것을 고르십시오. (　　)

❶ 추위 때문에 감기에 걸립니다.
❷ 남극에서는 감기에 잘 걸립니다.
❸ 습도와 감기는 아무 관계가 없습니다.
❹ 습도가 높으면 바이러스가 살 수 없습니다.

2.

발달	의학	부정적

1) 무엇에 대한 강의입니까? (　　)

❶ 기술 발달의 원인　　❷ 기술 발달의 역사
❸ 기술 발달의 좋은 점　　❹ 기술 발달의 안 좋은 점

2) 들은 내용과 같으면 ○, 다르면 × 하십시오.

❶ 기술이 발달해서 일자리가 많이 생겼습니다. (　　)
❷ 기술이 발달해서 부정적인 문제도 생겼습니다. (　　)
❸ 기계의 도움을 받지 않으면 살 수 없는 사람도 있습니다. (　　)
❹ 의학이 발달해서 노인 문제가 많이 해결되었습니다. (　　)

3.

낳다	저출산	유지하다	대신하다

1) 무엇에 대한 강의입니까? (　　)

❶ 한국의 저출산 문제　　❷ 출산율을 높이는 방법
❸ 최근 한국의 청소년 문제　　❹ 젊은 사람과 노인들의 관계

2) 들은 내용을 다음 표에 쓰십시오.

저출산의 원인	저출산의 결과
· ______________는 여성이 많습니다. · ______________으려면/려면 돈이 많이 듭니다.	· ______________이/가 줄어듭니다. · ______________이/가 노인들을 책임져야 합니다.

Ⅲ. 다음 강의를 듣고 질문에 맞는 답을 고르십시오.

소중하다　　오염시키다　　더럽히다　　피해　　불리다　　막다

1. 무엇에 대한 강의입니까? 쓰십시오.

____

2. 강의 내용을 원인과 결과의 순서에 맞게 나열하십시오.

[가] 공장에서 나오는 더러운 물이나 생활에서 나오는 더러운 물이 많습니다.

[나] 더러운 물이 물고기들과 자연과 사람들에게 피해를 줍니다.

[다] 물이 더러워지고 있습니다.

[　　] → [　　] → [　　]

3. 들은 내용과 같으면 ○, 다르면 × 하십시오.

❶ 물의 오염의 가장 큰 원인은 공장에서 버리는 물입니다. (　　)
❷ 영국의 템즈강은 한 때 죽음의 강이었습니다. (　　)
❸ 한번 오염된 물도 다시 깨끗해질 수 있습니다. (　　)

정리해 봅시다

어떻게 원인과 결과 부분을 찾을 수 있습니까? 함께 이야기해 보십시오.

05 강의 구조(예시 구조) 파악하기

학습목표 : 담화 표지를 이용하여 전체 구조(예시 구조)를 파악할 수 있다.

준비해 봅시다

다음은 강의의 한 부분입니다. 어떤 말이 들어갈까요?

암에 좋은 음식으로는 어떤 것이 있을까요? 암의 종류와 사람의 몸에 따라 다르겠지만 일반적으로 좋은 음식들이 있습니다. ______________ 콩으로 만든 음식은 암을 막아 주고 소화가 잘 됩니다. 콩으로 만든 음식에는 두부와 된장이 있습니다. 된장찌개에 두부를 같이 넣어 먹으면 더 효과가 좋고 맛도 좋아질 것입니다.

표 현

- 예를 들어
- 예를 들면
- 예컨대

들어 봅시다

MP3/05

조상	전	부쳐 먹다	기름기	느끼하다	소화	탄수화물

I. 다음은 강의의 한 부분입니다. 무엇에 대한 강의인지 맞게 연결하십시오.

1) · · 살이 찌는 음식

2) · · 계절 음식

3) · · 서로 잘 어울리는 음식

05 강의 구조(예시 구조) 파악하기

Ⅱ. 다음은 강의의 한 부분입니다. 듣고 질문에 답하십시오.

1.

1) 무엇에 대한 강의입니까? (　　)

❶ 한국어 발음　　❷ 한국어 한자
❸ 한국어 높임법　　❹ 한국어 글쓰기

2) 강의 내용에 맞게 다음 문장을 고쳐 쓰십시오.

2.

상황	패션	경제학자	옷감	눈에 띄다

1) 무엇에 대한 강의입니까? (　　)

❶ 미국의 경제 상황　　❷ 세계의 경제 상황
❸ 경제와 패션의 관계　　❹ 요즘 유행하는 패션

2) 들은 내용에서 예로 든 것이 <u>아닌</u> 것은 무엇입니까? (　　)

❶ 경제가 안 좋아지면 짧은 치마가 유행한다.
❷ 경제가 안 좋아지면 빨간색을 찾는 사람이 많다.
❸ 경제가 안 좋아지면 분홍색 넥타이가 유행한다.
❹ 경제가 안 좋아지면 자연스러운 색깔의 머리 염색을 많이 한다.

3.

위	단호박	기침	피로	골고루

1) 무엇에 대한 강의입니까? 쓰십시오.

2) 강의 내용에 맞게 연결하십시오.

위가 안 좋다 ·	· 녹색 음식
기침을 자주 한다 ·	· 흰색 음식
금방 피곤해진다 ·	· 노란색 음식

05 강의 구조(예시 구조) 파악하기

Ⅲ. 다음은 강의의 한 부분입니다. 듣고 질문에 답하십시오.

마케팅 전략 재료 이익 시기 상관없다

1. 무엇에 대한 강의인지 쓰십시오.

2. 이 강의에서 예로 든 것을 써 보십시오.

1) 중국집에서는

2) 백화점에서는

3) 이동통신 회사는

3. 강의 내용과 같으면 ○, 다르면 × 하십시오.

❶ 날씨 변화와 일상생활은 별로 관계가 없다. ( )

❷ 이 마케팅 전략은 활용하기에 조금 위험하다. ( )

❸ 이동통신 회사 광고는 날씨와 시기를 잘 활용했다. ( )

❹ 학생들은 곧 마케팅 전략을 세울 것이다. ( )

정리해 봅시다

예를 든 부분을 듣고 강의 내용을 더 쉽게 이해할 수 있었습니까? 예를 든 부분을 어떻게 찾았는지 함께 이야기해 보십시오.

06 강의 도입부 이해하기

학습목표 : 강의 시작 표지를 이해할 수 있고, 강의 도입부를 이용하여 강의 구조를 파악할 수 있다.

준비해 봅시다

다음은 강의의 첫 부분입니다. 어떤 말이 들어갈까요?

여러분, 지난 주말 잘 보냈어요? 우리 지난 시간에는 한국의 인사 예절을 공부했었지요? 음... ______________ 한국의 식사 예절에 대해 알아보려고 합니다. __________ 한국의 식사 예절 중 전통 예절을 먼저 소개하도록 하지요. __________ 이러한 전통 예절 중 지금까지 지켜지는 것과 지금은 없어진 것에 대해 이야기해 드리겠습니다.

표 현

- 오늘 수업은
- 오늘은 지난 시간에 이어서
- 먼저
- 우선
- 그리고
- 다음

도움말

- 강의 첫 부분에는 그날의 강의 주제와 강의할 내용을 전체적으로 설명합니다.

들어 봅시다

MP3/06

I. 다음을 듣고 강의의 시작을 알려 주는 표현을 쓰고 오늘 강의 주제와 맞게 연결하십시오.

수학	숨다	과학	모기	물리다	가렵다
관심	풀다	땅	만유인력	발전하다	선수

1) ______________ · · 수학과 과학

2) ______________ · · 생활과 과학

3) ______________ · · 스포츠와 과학

II. 다음은 강의의 앞부분입니다. 듣고 질문에 답하십시오.

1.

다양하다	실제

1) 무엇에 대한 강의입니까? (　　)

❶ 한국어 말하기　　❷ 한국어 듣기
❸ 한국어 쓰기　　❹ 한국어 읽기

2) 오늘은 무엇에 대해 강의합니까? 두 개 고르십시오. (　　,　　)

❶ 사람들은 왜 글을 씁니까?
❷ 사람들은 어떤 종류의 글을 씁니까?
❸ 사람들은 왜 글쓰기를 어려워합니까?
❹ 글쓰기를 잘 할 수 있는 방법은 무엇입니까?
❺ 글을 어떻게 써야 합니까?
❻ 외국인이 글쓰기에서 많이 틀리는 것은 무엇입니까?

2.

판매 상품 성공하다 실패하다

1) 오늘은 무엇에 대해 강의를 하고 있습니까? (   )

❶ 어떻게 하면 좋은 물건을 만들 수 있습니까?
❷ 왜 회사들은 물건을 많이 팔려고 합니까?
❸ 날씨 마케팅이란 무엇입니까?
❹ 물건의 이름이 마케팅에 얼마나 중요합니까?

2) 오늘 강의할 내용을 두 개 고르십시오. (,   )

❶ 어떤 회사들이 날씨 마케팅으로 성공했습니까?
❷ 어떤 회사들이 물건을 잘 만들어서 성공했습니까?
❸ 어떤 회사들이 물건의 이름을 잘 만들어서 성공했습니까?
❹ 어떤 물건이 좋은 물건입니까?
❺ 어떻게 상품의 이름을 지어야 합니까?

3.

즐겨 보다	간단하다	역사	세기	초	알아보다	할리우드	살펴보다

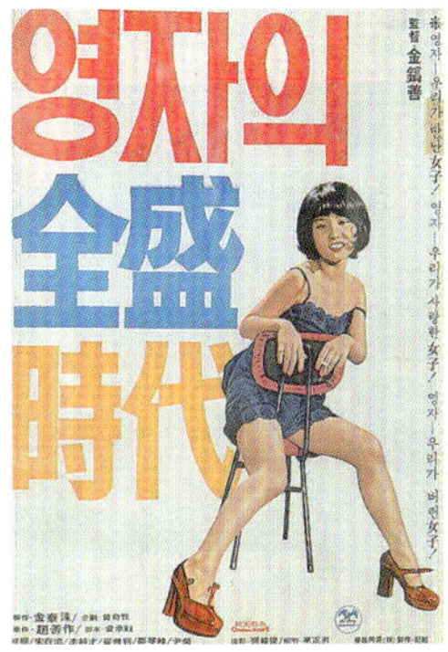

1) 지난 시간에는 무엇에 대해 강의를 했습니까? 두 개 고르십시오. (　　,　　)

❶ 사람들은 왜 영화를 즐겨 봅니까?
❷ 영화의 종류에는 어떤 것이 있습니까?
❸ 처음에 영화는 어떻게 시작되었습니까?
❹ 최근에는 어떤 영화가 만들어지고 있습니까?

2) 이번 시간에는 무엇에 대해 강의인지 쓰십시오.

---

3) 오늘 강의 내용을 순서에 맞게 배열하십시오.

❶ 한국 영화의 역사
❷ 다양한 1990년대의 영화
❸ 영화의 시작과 20세기 초의 영화
❹ 1960년대의 할리우드 영화

(　　) ⇨ (　　) ⇨ (　　) ⇨ (　　)

06 강의 도입부 이해하기

Ⅲ. 다음 강의를 듣고 질문에 답하십시오.

자료	변하다	달라지다	절이다	콜럼버스
신대륙	발견하다	알려지다	전해지다	

1. 무엇에 대한 강의입니까? (　　)

❶ 김치의 종류　　❷ 김치의 장점
❸ 김치의 역사　　❹ 고추의 역사

2. 오늘 강의 순서에 맞게 강의 내용을 써 보십시오.

1) 한국 사람들은 언제부터 김치를 먹기 시작했습니까?

2) ____________________

3) ____________________

3. 강의 내용과 같으면 ○, 다르면 × 하십시오.

❶ 1600년 전부터 한국에는 김치가 있었다. (　　)
❷ 고추는 처음 아메리카 대륙에서 발견되었다. (　　)
❸ 400년 전에 고추가 스페인에서 한국으로 전해졌다. (　　)
❹ 400년 전부터 한국 사람들은 지금과 같은 김치를 먹기 시작했다. (　　)

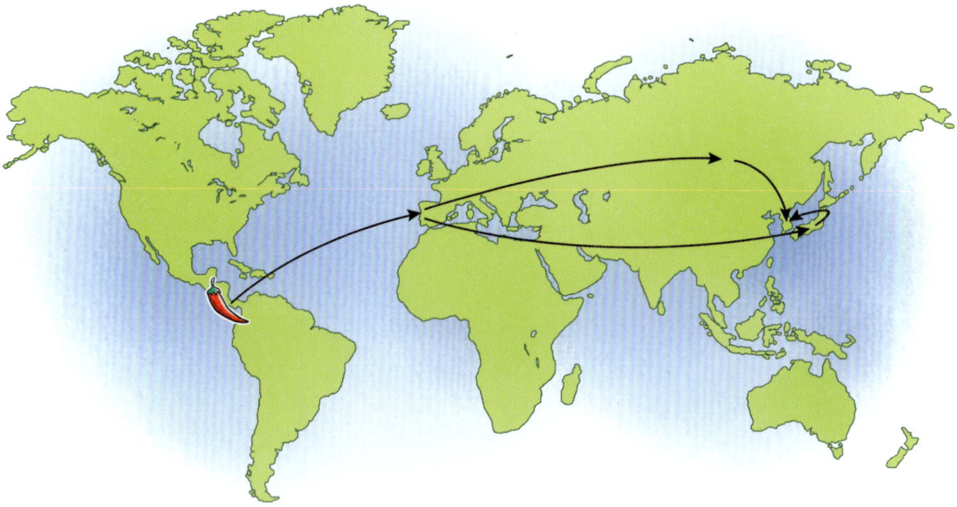

정리해 봅시다

강의 첫 부분을 알 수 있는 표현에는 어떤 것들이 있습니까? 정리해 보십시오.

07 강의 종결부 이해하기

학습목표 : 종결표지를 이용하여 강의 내용을 요약하고 과제를 파악할 수 있다.

준비해 봅시다

다음은 강의의 끝부분입니다. 어떤 말이 들어갈까요?

지금까지 이야기를 하거나 발표를 할 때 어떻게 표현하는 것이 좋은지 알아보았습니다. ________________ 강의한 내용을 다시 한 번 정리하면 다른 사람이 이해하기 쉽게 말하는 것이 가장 좋은 표현 방법입니다. 이 때 사용하는 방법은 다양한데, 그 중에서 예를 들어 표현하는 방법을 중심으로 여러 가지 표현들을 살펴보았습니다. ________________ 강의를 잘 듣는 방법에 대해서 말씀드리겠습니다.

표 현

- 지금까지
- 이것으로
- 다음 시간에는
- 끝으로
- 마지막으로
- 결론적으로

도움말

- 강의의 끝부분에서도 그날 강의를 정리하고 다음 강의에 대한 예고를 합니다.

들어 봅시다

MP3/07

I. 다음을 듣고 강의의 끝을 알려 주는 표현을 쓰고 오늘 강의 주제와 맞게 연결하십시오.

도　　광역시　　특별시　　지방　　인구

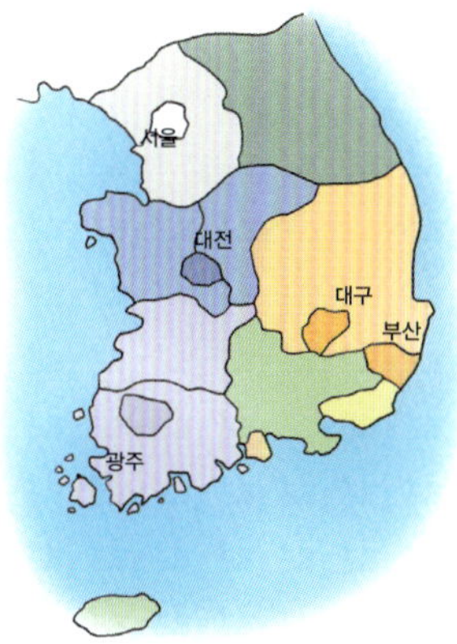

1) 지금까지 ・　　　・ 날씨와 한국 문화

2) ________ ・　　　・ 서울과 지방의 차이

3) ________ ・　　　・ 도와 광역시의 특징

II. 다음은 강의의 뒷부분입니다. 듣고 질문에 답하십시오.

1.

습관

1) 오늘 강의한 내용과 관계없는 것을 고르십시오. (　　)

❶ 건강을 지키는 방법　　❷ 건강과 식생활
❸ 건강과 자연환경　　❹ 건강과 생활 습관

2) 건강을 위해서 적게 먹어야 하는 3가지는 무엇입니까? 쓰십시오.

________, ________, ________

07 강의 종결부 이해하기

2.

과학적　　전통음악

1) 오늘 강의 내용의 순서에 맞게 번호를 쓰십시오.

❶ 한글을 언제, 누가, 왜 만들었나?
❷ 한글을 누가 사용했나?
❸ 한글이 얼마나 과학적인가?

(　　) → (　　) → (　　)

2) 다음 시간의 과제는 무엇입니까? 쓰십시오.

3.

마치다　　영양소　　유산균　　변비　　단백질

1) 강의 내용에 맞게 노트 필기하십시오.

강의 주제	
다음 강의	

2) 막걸리에 대한 설명으로 틀린 것을 고르십시오. (　　)

❶ 변비에 도움이 된다.
❷ 단백질이 우유의 2배 정도 들어 있다.
❸ 여러 영양소가 들어 있다.
❹ 몸에 좋은 유산균이 많이 들어 있다.

Ⅲ. 다음 강의를 듣고 질문에 답하십시오.

사춘기　　경험하다　　코끼리　　학자　　없애다

1. 무엇에 대한 강의입니까? 쓰십시오.

____

2. 강의 내용을 순서에 맞게 번호를 쓰십시오.

❶ 세계 모든 사람에게 사춘기가 있을까?
❷ 사춘기가 나타나지 않는 사람들이 있었다.
❸ 다음 시간에는 스트레스와 사랑에 대해서 이야기하겠다.
❹ 사춘기의 원인은 스트레스인 것 같다.

(　　) → (　　) → (　　) → (　　)

3. 빈칸에 알맞은 말을 넣어 강의 내용을 요약하십시오.

사춘기에는 부모님의 말을 듣지 않고 화를 많이 낸다. 원인을 알기 위해서 여러 학자들이 조사를 했다. 조사 결과 ______________________________.
그런데, 사춘기가 없는 사람들이 있었다. 그 사람들은 ______________________________. 그것이 원인으로 생각된다. 그러므로 사춘기를 쉽게 보내는 방법은 ______________________________는 것이라고 할 수 있다.

정리해 봅시다

강의의 뒷부분을 듣고 전체적인 내용을 정리할 수 있습니까? 듣기 어려운 것이 있으면 선생님과 함께 이야기해 보십시오.

08 화제 전환 이해하기

학습목표 : 간단한 강의와 토론의 화제 전환을 인식할 수 있다.

준비해 봅시다

다음은 강의의 한 부분입니다. 어떤 말이 들어갈까요?

거의 모든 나라에는 국가가 있습니다. 그렇지만 세계 모든 나라 사람들이 국가를 부르는 것은 아닙니다. 스위스처럼 여러 언어를 사용하는 나라에는 같은 노래에 5개의 언어로 된 가사가 있고, 사용하는 언어가 더 많은 나라에서는 영어로 부르기도 합니다. 또 스페인은 노래는 있지만 정해진 가사는 없습니다. ______________ 국가는 언제 부릅니까? 국가를 부르는 것을 볼 수 있는 경우는 월드컵 같은 국제 경기를 할 때인데 경기를 시작하기 전에 선수들이 따라 부르는 것을 보 수 있습니다. 정해진 가사가 없으면 곡만 연주하고요.

표현

- 조금 다른 이야기지만
- 그건 그렇고
- 어쨌든
- 그런데
- 그럼 이번에는

들어 봅시다

MP3/08

I. 다음은 토론 사회자가 하는 말입니다. 이야기의 주제가 어떻게 바뀌고 있습니까? <보기> 에서 번호를 고르십시오.

교복　　신경을 쓰다　　넘어가다

❶ 교복은 학생을 구별해 준다.
❷ 교복은 시간을 절약하게 해 준다.
❸ 교복은 관리가 힘들다.
❹ 교복은 경제적이다.
❺ 교복은 편하다.

1) ❹ →

2) →

3) →

08 화제 전환 이해하기

Ⅱ. 다음은 토론과 강의의 한 부분입니다. 듣고 질문에 답하십시오.

1.

말	승마	동작	전신 운동	경기	유일하다	구분

1) 강의의 내용은 어떻게 바뀌었습니까? 고르십시오.

(　　　) → (　　　)

❶ 승마의 역사
❷ 승마의 운동 효과
❸ 승마를 통한 다이어트 방법
❹ 승마 경기와 다른 경기와의 다른 점

2) 들은 내용과 같으면 ○, 다르면 × 하십시오.

❶ 승마를 하면 살이 빠진다. (　　)
❷ 말을 타고 할 수 있는 유일한 스포츠는 승마이다. (　　)
❸ 승마는 남자 경기와 여자 경기를 구분하지 않는다. (　　)

2.

조선 후기	가족 제도	결혼 제도	경제적	재혼

1) 강의의 주제는 어떻게 바뀌었습니까? 고르십시오.

( ) → ( )

❶ 가족 제도와 결혼 제도 변화의 원인
❷ 가족 제도와 결혼 제도 변화의 방향
❸ 가족 제도와 결혼 제도 변화의 과정
❹ 가족 제도와 결혼 제도 변화의 영향

2) 이 강의에 따르면 조선 후기에 여자들은 왜 경제적으로 힘들어지게 되었습니까?
구체적으로 두 가지를 쓰십시오.

______________________, ______________________

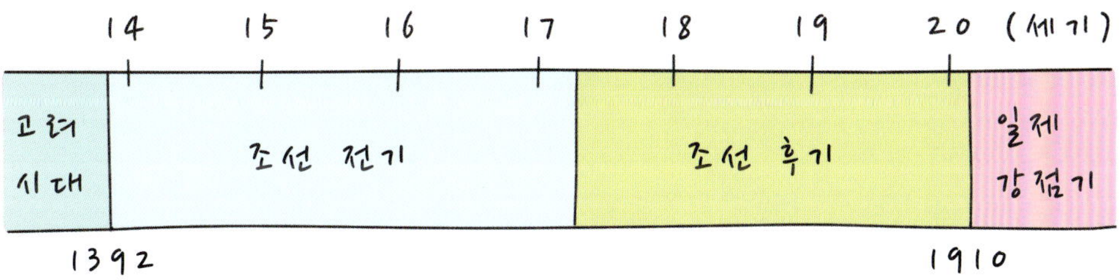

3.

정년　　연장　　뽑다

1) 이 토론의 제목으로 적당한 것을 고르십시오. (　　)

❶ 젊은이들, 어떤 일을 해야 할까?
❷ 50대, 어떻게 미래를 준비해야 할까?
❸ '정년 연장', 어떻게 생각하십니까?
❹ '좋은 일자리', 어떻게 생각하십니까?

2) 토론 주제에 대한 각 사람의 주장은 어떻게 바뀌고 있는지 표에 정리하십시오.

주장 내용

❶ 일마다 필요한 사람이 다르다.
❷ 20대나 50대나 좋아하는 일은 비슷하다.
❸ 50대 이후를 위해서 정년을 연장해야 한다.
❹ 정년을 연장하면 젊은이들의 일자리가 줄어든다.

	주장 내용	토론 주제에 대한 입장
남자1	❸	찬성
여자1		
여자2		
남자2		

Ⅲ. 다음 강의를 듣고 질문에 답하십시오.

혀	느끼다	부분	표정	연결되다	발생하다

1. 이 강의의 주제는 무엇입니까? (　　)

❶ 눈이 안 보이는 사람은 잘 들을 수 없다.
❷ 실제 목소리와 녹음한 목소리는 다르게 들린다.
❸ 음식 맛은 혀로만 느끼는 것이 아니다.
❹ 우리가 무엇을 느낄 때는 두 개 이상의 부분을 함께 사용한다.

2. 주제를 설명하기 위해 무엇과 무엇의 관계를 이야기했습니까? 쓰십시오.

눈과 귀 → [　　　] → [　　　]

3. 강의 내용을 잘 설명하기 위해서 각각 어떤 예를 들었습니까? 쓰십시오.

1	상대방이 안 보이면 말이 잘 안 들린다.
2	❶
	❷
3	

정리해 봅시다

강의나 토론을 듣고 이야기의 내용이 바뀌는 것을 어떻게 알 수 있습니까? 이야기해 보십시오.

09 강의 듣고 요약하기

학습목표 : 간단한 강의를 듣고 전체 내용을 요약할 수 있다.

준비해 봅시다

다음은 강의의 한 부분입니다. 어떤 말이 들어갈까요?

포도주는 좋은 향기와 부드러운 맛 때문에 많은 사람들이 즐겨 마십니다. 포도주의 향기는 불안감과 스트레스를 풀어 주어 기분을 좋게 해 줍니다. 또한 피부를 좋게 해 주기 때문에 여성들에게도 좋고, 함께 먹은 음식이 잘 소화되도록 도와줍니다. 그리고 기침을 그치게 해 주는 효과도 있습니다. ________________, 포도주는 건강에 좋은 점이 많은 술입니다.

표현

- 요약하면
- 지금까지의 논의를 정리하면

들어 봅시다

MP3/09

I. 다음은 마케팅에 대한 강의의 한 부분입니다. 어떤 유형의 마케팅인지 찾으십시오.

고객 맞춤형 입소문 분석하다 블로그 전달하다 판매하다

1) · · 장소나 시간에 관계없이 나타나서 판매하는 마케팅

2) · · 고객의 상황에 맞추어서 제공하는 마케팅

3) · · 입소문을 이용하여 상품을 판매하는 마케팅

II. 다음은 강의의 한 부분입니다. 듣고 질문에 답하십시오.

1.

행운 상징하다 복조리

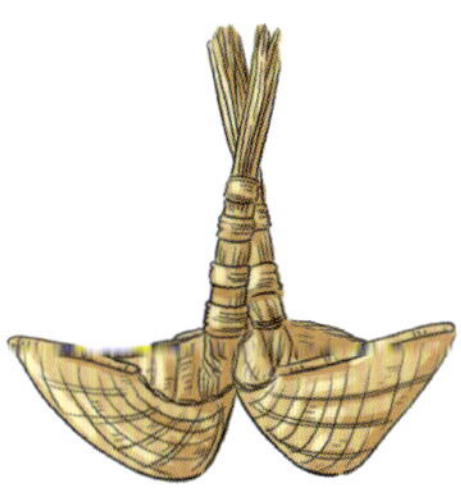

복조리

마트료시카 인형

고양이 인형

1) 무엇에 대한 강의입니까? 쓰십시오.

2) 나라와 상징과 그 의미를 맞게 연결하십시오.

한국 ·	· 고양이 인형 ·	· 새해에 복을 받는다.
러시아 ·	· 마트료시카 인형 ·	· 행운과 돈을 얻을 수 있다.
일본 ·	· 복조리 ·	· 아이를 가질 수 있다.

2.

로봇 표시하다 꼬리 흔들다 지능 의존하다 지배하다

1) 무엇에 대한 강의입니까? (   )

❶ 로봇의 지능
❷ 로봇의 역사
❸ 애완견 로봇의 소개
❹ 로봇 발전의 위험성

2) 강의 내용의 요약글을 쓰려고 합니다. 적당하지 않은 문장을 고르십시오. (   )

❶ 감정을 표시하는 로봇까지 발전하고 있다.
❷ 로봇이 가족이나 친구 같은 존재가 되고 있다.
❸ 로봇의 발전은 미래 우리 사회에 좋은 영향을 줄 것이다.
❹ 로봇이 미래에는 사람에게 무서운 존재가 될 수도 있다.

3.

절반 비유하다 구별하다 색맹 의사소통 능력 뛰어나다 수리 능력

1) 무엇에 대한 강의입니까? 쓰십시오.

____

2) 들은 내용을 요약하려고 합니다. 다음 빈칸에 알맞은 말을 쓰십시오.

남자와 여자는 매우 다르다.

1. 색깔 : __________ 은/는 남자가 더 많다.

2. 소리 : 여자는 소리의 __________ 을/를 잘 구별하고,

남자는 소리의 __________ 을/를 더 잘 구별한다.

3. 능력 : 여자는 언어 능력과 __________ 이/가 좋고,

남자는 __________ 이/가 좋다.

Ⅲ. 다음 강의를 듣고 질문에 맞는 답을 고르십시오.

기부하다	화학자	다이너마이트	발명하다	폭발	화약
재단	물리학	분야	인정받다	엄격하다	
선정하다	수상자	추천하다			

1. 무엇에 대한 강의입니까? 쓰십시오.

____

2. 이 강의 내용을 요약해 보십시오.

노벨상이 만들어진 배경	노벨 동생의 화약 사고 → ______________ 을/를 발명 → ______________ 에서 많은 사람들이 죽음 → 노벨재단을 만들고 노벨상을 줌.
처음 만들어진 노벨상의 분야와 시기	❶ 시기 : ❷ 분야 : ________, ________, 의학상, 문학상, ________
새로 생긴 노벨상의 분야와 시기	❶ 시기 : 1969년 ❷ 분야 :
노벨상이 세계에서 인정받는 이유	

3. 강의 내용과 같으면 ○, 다르면 × 하십시오.

❶ 노벨의 동생은 다이너마이트 폭발 사고로 죽었다. ( )

❷ 노벨은 자신의 전 재산을 노벨상 상금으로 내 놓았다. ( )

❸ 노벨상 수상자를 결정하는 과정은 모든 사람들에게 알린다. ( )

❹ 노벨상은 현재 다섯 분야에서 수여된다. ( )

정리해 봅시다

강의를 듣고 이야기의 내용을 요약할 수 있었습니까? 듣기 어려운 부분이 있으면 선생님과 함께 이야기해 보십시오.

10 토론 듣고 요약하기

학습목표 : 간단한 토론을 듣고 전체 내용을 요약할 수 있다.

준비해 봅시다

다음은 토론의 한 부분입니다. 어떤 말이 들어갈까요?

담배를 피우는 사람들은 다른 사람에게 피해를 주지 않으려고 밖에 나가서 피우지만, 담배를 밖에서 피워도 다른 사람에게 피해를 줍니다. 니코틴은 연기를 통해서 전달될 뿐만 아니라 우리 몸을 통해서도 전달됩니다. 니코틴은 피부나 머리카락, 옷 등에 남아 있는데 담배를 피운 사람 바로 옆에 앉거나 악수를 하면 우리 몸으로 전달됩니다. 이렇게 담배를 밖에서 피우는 것도 안에서 피우는 것과 같이 사람들에게 피해를 줍니다. ________ 다른 사람에게 피해를 주지 않으려면 담배를 피우지 않는 방법밖에 없습니다.

표 현

- 다시 정리해서 말씀드리면
- 제가 말씀드리고 싶은 것은

들어 봅시다

MP3/10

I. 다음은 '대학에 가야 하는가?'라는 주제의 토론입니다. 각 사람이 주제에 대해 찬성하는지 반대하는지 쓰고 주장을 잘 요약한 것과 연결하십시오.

전문적	훈련	낭비하다	과정	인문학교	건축학과

1) 반대 · · 실제적인 기술 교육을 받은 사람과 그렇지 않은 사람은 차이가 많이 난다.

2) · · 기술이 필요한 일을 할 사람에게 대학 교육은 시간 낭비이다.

3) · · 대학 공부를 통해 많은 것을 경험하게 된다.

II. 토론의 한 부분을 듣고 질문에 답하십시오.

1.

가능하다	감정	이성

1) 이 토론의 주제는 무엇입니까? 고르십시오. (　　)

❶ 남자와 여자는 차이가 있나?
❷ 남자와 여자의 우정은 가능한가?
❸ 남자와 여자는 영원한 경쟁자인가?
❹ 사랑이 중요한가, 우정이 중요한가?

2) 여자와 남자의 주장을 요약하십시오.

	요점
여자	
남자	

2.

메달　　따다　　참가하다　　몸매

1) 두 사람은 주제에 대해서 토론하기 위해 미인 대회와 무엇을 비교하고 있습니까? 쓰십시오.

2) 두 사람의 주장을 요약하고 찬성인지 반대인지 쓰십시오.

	요점	찬성/반대
여자		
남자		

3.

설치하다　　파괴되다　　포기하다　　내내　　승강장　　서해

1) 여자와 남자는 자신의 의견을 주장하기 위해서 어떤 방법을 썼습니까? 연결하십시오.

여자 ·　　· 예를 들었다.
　　　　　· 자료를 보여 주었다.
남자 ·　　· 부족한 내용을 설명했다.
　　　　　· 상대방 의견의 문제점을 지적했다.

2) 여자와 남자 이야기의 요점을 정리해서 한 문장으로 쓰십시오.

	요점
여자	
남자	

Ⅲ. 다음은 '셧다운제'에 대한 토론입니다. 듣고 질문에 답하십시오.

셧다운제 청소년 신체

1. 세 사람이 이야기한 내용의 요점과 그렇게 말한 이유를 아래 표에 정리하십시오.

	요점	이유
여자 1		
남자		어떤 방법도 효과가 없다.
여자 2		청소년들은 얼마든지 어른 ID를 만들 수 있다.

2. 찬성팀과 반대팀에 어떤 질문을 할지 아래 표에 간단히 정리해 보십시오

	질문
여자 1	밤 늦게까지 청소년이 공부하는 것은 괜찮습니까?
남자	
여자 2	

정리해 봅시다

토론을 듣고 이야기의 내용을 요약할 수 있습니까? 어려운 것이 있으면 함께 이야기해 보십시오.

부록

:: 듣기 지문

:: 모범 답안

:: 색인

듣기 지문

01 주제 파악하기

[들어 봅시다]

Ⅰ. 01-01 ~ 03

1) 우리 몸에 물이 어느 정도 필요할 것 같습니까? 우리 몸은 70%가 물로 되어 있는데 이 중에서 2%만 없어도 목이 마르고 힘들어집니다. 또한 물을 마시지 않으면 3일 이상을 살기 어렵습니다. 이렇게 물은 우리 몸에 아주 중요합니다.
2) 이번에는 물의 종류에 대해서 설명하겠습니다. 우리가 마시는 물은 우리가 생각하는 것보다 종류도 많고, 그 맛도 다양합니다. 소금이 들어 있어서 운동을 할 때 마시면 좋은 물도 있고요. 산에서 나오는 물, 지하에서 나오는 물 등 종류가 다양합니다.
3) 그럼 물을 마실 때는 어떻게 마시는 것이 건강에 좋을까요? 물을 잘 마시는 방법에 대해 이야기해 보려고 하는데요. 먼저 물은 차를 마시는 것처럼 천천히 마시고, 밥처럼 씹어서 마시면 좋습니다.

Ⅱ. 01-04 ~ 06

1.

꽃을 꽃병에 꽂으면 언제까지 꽃을 볼 수 있을까요? 오늘은 꽃병의 꽃을 오래 두고 볼 수 있는 방법에 대해서 한번 알아보겠습니다. 꽃을 오래 두는 방법에는 크게 두 가지가 있습니다. 먼저 꽃병에 물을 넣고 그 안에 사이다나 식초를 넣는 방법이 있습니다. 이 방법은 사이다나 식초를 꽃병에 넣기만 하면 되니까 누구나 쉽고 간단하게 할 수 있습니다. 또 다른 방법으로는 꽃줄기의 끝부분을 썩지 않게 하는 방법이 있는데요. 꽃줄기의 끝부분을 자주 가위로 잘라 주면 됩니다. 이렇게 하면 좀 더 오랫동안 싱싱한 꽃을 볼 수 있습니다.

2.

여러분도 잘 알고 있겠지만 많은 원숭이들은 바나나와 같은 단맛이 많은 과일을 좋아합니다. 하지만 바나나를 먹지 않는 원숭이도 있습니다. 바로 코주부 원숭이입니다. 단 것이 이 원숭이의 몸에 좋지 않기 때문에 과일을 먹지 않습니다. 이 코주부 원숭이는 화가 났을 때는 코가 빨개지는 것이 특징입니다.

3.

오늘은 초파리의 특징에 대해서 알아보겠습니다. 초파리는 왜 이름이 초파리일까요? 초파리는 식초에 많이 모이기 때문에 초파리라고 합니다. 그럼 초파리는 어디에서 많이 볼 수 있겠습니까? 네, 과일 가게나 쓰레기장 주변에서 볼 수 있지요. 그리고 집에서도 과일을 먹은 후에 과일 껍질을 그대로 두면 많이 모이기도 합니다.

초파리는 우리가 자주 보는 일반 집파리에 비해서 크기가 작고, 날아다니는 시간도 일반 집파리에 비해서 깁니다. 그리고 여러분도 본 적이 있을 것 같은데요. 초파리는 날아 올라갈 때 옆으로 날아서 올라가지 않고 바로 위쪽으로 날아 올라가는 것이 특징입니다. 또한 초파리는 보통 온도가 25도에서 30도 사이일 때 가장 잘 움직이고 잘 자랍니다. 그래서 초파리가 들어 있는 병을 얼음물 속이나 아주 뜨거운 물속에 두면 잘 움직이지 못하고 행동이 느려지는 것을 볼 수 있습니다.

Ⅲ. 01-07

먼저 외래어에 대해서 설명을 하겠습니다. 외래어는 외국에서 들어온 말로 한국어처럼 쓰이는 단어를 말합니다. 특히 외국에서 만들어진 물건들이 한국에 들어올 때 그 이름까지 그대로 들어와서 쓰이게 된 경우가 많지요.

여러분이 알고 있는 외래어에는 무엇이 있습니까? 네, 버스, 택시 같은 단어들이 있지요. 또 외국에서 들어온 음식, 예를 들어 피자, 콜라 같은 것들도 있고요. 이렇게 외국에서 먼저 만들어진 것들이 예가 될 수 있겠지요.

지금 말한 것처럼 한국말로 바꿀 수 없는 외래어도 있지만, 한국 고유의 말로 바꿀 수 있는 외래어도 물론 있습니다.

그럼 외래어도 한국어일까요? 네, 외래어는 외국에서 들어온 말이 한국말로 된 것이니까 외래어도 한국어입니다. 그럼 이 외래어를 한국어로 쓸 때 어떻게 써야 할까요?

02 중심 내용 파악하기

[들어 봅시다]

Ⅰ. 02-01 ~ 03

1) 초등학생에게 휴대전화가 필요하다고 생각하시는 분이 많은데 저는 이해할 수 없습니다. 초등학생들은 하루를 어디에서 보냅니까? 보통 학교나 집, 아니면 집 근처 학원이나 친구 집에서 보냅니다. 휴대전화가 없어도 연락할 수 있는 곳에 있는데 왜 휴대전화가 필요합니까?

2) 사실, 초등학생들이 휴대전화를 사용할 일은 별로 없습니다. 그렇지만 다쳤거나 사고가 나서 다른 사람의 도움이 필요할 때 휴대전화로 연락을 할 수 있습니다. 따라서 휴대전화는 초등학생들에게 필요합니다.

3) 초등학생들은 휴대전화를 가지고 게임을 하고 친구들과 쓸데없이 문자를 주고 받습니다. 수업시간에도 게임을 하고 길을 걸어갈 때도 게임을 하고 문자를 보냅니다. 결국 휴대전화 때문에 공부도 열심히 하지 않게 되고 길을 걸을 때 사고가 날 수도 있습니다.

Ⅱ. 02-04 ~ 06

1.

버스나 지하철 같은 대중교통을 이용하는 것은 여러 가지 좋은 점이 있습니다. 혼자 자동차를 타고 가는 것보다 여러 명이 한 대의 버스나 지하철을 타니까 기름을 절약할 수 있습니다. 그리고 길에 자동차가 적어지면 공기도 깨끗해집니다. 또 지하철을 이용하면 막히지 않으니까 빨리 갈 수 있습니다. 그리고 마지막으로 대중교통은 쌉니다. 그러므로 대중교통을 이용하면 기름도, 시간도, 돈도 절약하고 공기도 깨끗하게 할 수 있습니다.

2.

술과 담배는 모두 몸에 나쁜데 무엇이 더 몸에 나쁠까요? 술은 많이 마시면 취합니다. 얼굴이 빨개지고 심하면 토하기도 합니다. 그리고 술을 마신 다음 날에는 머리가 아프고 몸이 힘들어서 계속 술을 마시지 못하는 경우가 많습니다. 그런데 담배는 어떻습니까? 담배는 그렇지 않습니다. 담배는 많이 피워도 취하지 않기 때문에 계속 피우게 됩니다. 어제 담배를 많이 피워서 오늘 담배를 못 피우는 사람은 없습니다. 따라서 술보다 담배가 우리 몸에 더 해롭습니다.

3.

여자 : 대학교에 '봉사 학점'이 있는 것에 대해서 어떻게 생각합니까?

남자 : 학생들이 학교에서 공부도 하고 다른 사람도 돕는 것은 좋습니다. 그렇지만 봉사활동으로 학점을 받는 것은 문제가 있습니다.

여자 : 글쎄요.… 학생들이 하고 싶어서 하는 것이 아니어도 봉사활동을 한번 해 보면 봉사활동을 하고 싶은 마음이 생기지 않을까요? 무슨 일이든지 시작하는 것이 중요합니다. 처음에는 학점 때문에 시작을 했어도 나중에는 하고 싶어서 하게 되지 않을까요?

남자 : 그렇게 되면 좋겠지요. 그렇지만 제가 본 많은 학생들 중에서 그렇게 바뀌는 학생은 많지 않았습니다. 결국 형식적으로 할 뿐이지요.

Ⅲ. 02-07

자, 여러분은 미래에 여러분이 하고 싶은 일을 하고 돈도 많이 벌면 좋겠지요? 그런데 그게 쉬운 일이 아닙니다. 그래서 어떻게 합니까? 보통은 하고 싶지만 돈을 별로 벌 수 없는 일과 돈을 많이 벌지만 별로 하고 싶지 않은 일 중에서 하나를 골라야 하는 경우가 있습니다. 이 때, 여러분은 어떤 선택을 하시겠습니까?

이런 경우에 저는 제가 하고 싶은 일을 선택합니다. 여러분도 아시는 것처럼 저는 돈을 많이 벌었습니다. 하지만 저는 돈을 벌려고 일을 한 적이 한 번도 없습니다. 저는 일이 좋아서 일을 했습니다. 아침에 일어나서 오늘 '어떤 일이 생길까?' 하고 생각하면 너무 즐거웠습니다. 회사에 어려운 일이 있을 때에는 '이 일을 해결하면 우리 회사는 더 강해질 거야.' 이렇게 생각하고 힘을 냈습니다.

제가 좋아하는 일을 열심히 하니까 돈은 저절로 왔습니다. 제가 돈을 따라가지 않았습니다. 아마 제가 돈을 벌려고 일을 했으면 돈도 벌지 못했고 즐겁지도 않았을 겁니다. 돈을 벌 수 없을 것 같은 일도 즐거워서 열심히 하면 돈이 따라 옵니다. 이런 일은 저에게 정말 많이 생겼습니다. 따라서 저는 확실히 이야기할 수 있습니다. 즐겁게 할 수 있는 일을 하십시오.

03 강의 구조(병렬식 구조) 파악하기

[들어 봅시다]

Ⅰ. 03-01 ~ 03

1) 한국 사람 1,500명을 대상으로 설문 조사를 한 결과 외국 사람들에게 권하고 싶은 한국 음식으로는 불고기가 가장 많았고, 둘째 김치, 셋째 잡채, 넷째 비빔밥의 순서로 나타났습니다.
2) 한국 사람이 가장 좋아하는 술과 안주는 첫째 소주와 삼겹살, 둘째 맥주와 오징어, 그리고 셋째로는 막걸리와 빈대떡인 것으로 나타났습니다.
3) 양파는 여러 가지 점에서 몸에 좋은데, 먼저 몸속의 지방을 없애주기 때문에 다이어트에 좋고, 몸과 눈의 피로를 풀어주며, 또 어린이의 성장을 도와주기도 합니다.

Ⅱ. 03-04 ~ 06

1.

여러분은 발표를 하기 전에 어떻게 하십니까? 이렇게 한번 해 보세요. 우선, 발표하기 전에 먼저 몸을 풀어주세요. 긴장하면 목소리가 떨리게 되지요? 그럴 때 목과 어깨를 돌리면서 몸을 풀어주고, 입도 풀어주면 도움이 될 거예요. 다음으로, 발표할 장소에 미리 가 보는 것도 좋아요. 조금이라도 익숙한 곳에서 말하는 것과 낯선 곳에서 말하는 것은 많이 다르니까요. 마지막으로, '나는 할 수 있어. 긴장하지 마' 하고 마음 속으로 말해 보는 방법도 좋아요. 스스로에게 용기를 주는 게 중요해요.

2.

최근 환경오염이 매우 심각해졌지요? 살 곳과 먹을 것이 없어 어려움에 처한 북극곰과 물 위에 떠 있는 죽은 물고기들의 모습이 TV에 많이 나옵니다. 우리 인간이 이렇게 만든 것이지요. 그러면 우리는 어떻게 해야 할까요? 생활 속에서 할 수 있는 작은 일부터 시작해야겠습니다. 첫째, 물건을 아껴 써서 쓰레기를 줄여야 합니다. 또한 조금 불편해도 자가용보다는 대중교통수단을 이용하는 것이 좋습니다. 그리고 무엇보다도 에너지를 절약하기 위해 노력해야겠습니다. 예를 들면, 가전제품의 전기 플러그를 뽑아 놓거나 샤워할 때 물을 아껴 쓰는 것도 결국은 환경을 살리고 어려움에 처한 동물들을 살리는 방법인 것입니다.

3.

여러분, 날마다 밥을 먹지요? 쌀밥을 더 맛있게 먹기 위한 방법을 아십니까? 먼저 좋은 쌀을 골라 밥을 지어야 합니다. 쌀을 손 위에 놓고 볼 때 통통하고 부드러운 것이 좋습니다. 둘째, 쌀을 씻는 방법에 따라 밥맛이 달라지기도 합니다. 쌀을 씻은 첫 번째 물은 빨리 버리는 것이 좋고 30분이나 1시간 정도 물에 담근 후에 밥을 하는 것이 좋습니다. 셋째, 밥물 또한 밥맛을 결정하는 요소 중의 하나인데, 맑고 깨끗한 생수로 지은 밥이 수돗물로 지은 밥보다 맛이 좋습니다.

Ⅲ. 03-07

사람들은 다른 사람에게 부탁을 해야 하거나 다른 사람의 마음을 움직이고 싶을 때 여러 가지 방법을 사용합니다. 다른 사람에게 어려운 부탁을 받았을 때나 가게 직원이 여러분에게 물건을 팔 때를 생각해 보면 쉬울 거예요. 우선, 사람들은 부탁을 할 때 선물을 많이 이용하죠. 다른 사람에게서 선물 같은 것을 받으면 우리는 그 사람에게 좋은 마음을 갖게 되기 때문입니다. 예를 들어 누군가가 꽃을 들고 저한테 와서 인사를 하면 자연스럽게 그 사람에 대한 좋은 마음을 갖게 되지 않습니까? 둘째로, 사람들은 외모나 겉모습을 많이 이용합니다. 우리는 외모가 아름답거나 인상이 좋은 사람을 보면 그렇지 않은 사람보다 더 친절하며 나에게 도움을 줄 것 같은 느낌을 받습니다. 실제로 정치인을 뽑을 때도 외모를 보고 선택하는 사람들이 있고, 옷 가게에서도 예쁜 사람이 물건을 팔면 더 사고 싶어집니다. 셋째, 사람들은 어떤 것이 조금밖에 없을 때 그것을 더 좋은 것으로 생각하고 가지고 싶어하는 마음이 있습니다. 예를 들어 살까 말까 생각 중이던 있는 가방이 하나밖에 안 남았는데 다른 사람이 그것을 사려고 하면 꼭 사려고 했던 물건이 아닌데도 서둘러 살 때가 있습니다. 여러분도 이러한 방법으로 사람들의 부탁을 들어주거나 물건을 산 적이 있었습니까?

듣기 지문

04 강의 구조(인과 구조) 파악하기

[들어 봅시다]

Ⅰ. 04-01 ~ 03

1) 건강한 치아는 행복을 위해 아주 중요합니다. 왜냐하면 치아는 건강뿐만 아니라 겉모습에 큰 영향을 주기 때문이에요. 웃다가 썩은 이나 빠진 이가 보인다면 다른 사람에게 안 좋은 인상을 줄 수도 있기 때문에 좋은 인간관계를 위해서나 건강을 위해서 치아를 잘 관리해야 합니다.
2) 마늘은 여러 면에서 건강에 좋다고 합니다. 하지만, 몸에 좋은 약도 너무 많이 먹으면 몸에 해로운 것처럼 마늘도 주의해야 하는 경우가 있습니다. 수술을 받을 예정이거나 위가 약한 사람에게는 좋지 않고 만약 먹고 있는 약이 있으면 의사와 상의한 후에 먹어야 한다고 합니다.
3) 사람들은 보통 아침, 점심, 저녁 하루에 세 번 식사를 합니다. 그런데 이렇게 하루에 세 번 식사하는 게 우리의 몸에 좋은 것은 아니라고 합니다. 실제로는 적은 양의 식사를 하루에 여섯 번 이상 하는 것이 좋다고 합니다. 왜냐하면 적은 양의 식사를 자주 하는 것이 위의 건강에도 좋고 몸이 계속 움직일 수 있는 힘을 주기 때문입니다.

Ⅱ. 04-04 ~ 06

1.

보통 따뜻한 방 안에 있다가 찬 바깥에 나가면 추위 때문에 감기에 걸린다고 생각하는데 이것은 잘못된 생각입니다. 겨울철에 감기에 잘 걸리는 이유는 건조하기 때문이에요. 즉, 습도가 20에서 35% 정도일 때 바이러스가 가장 활발하게 움직이는데 겨울에는 습도가 낮기 때문에 감기에 잘 걸리게 되는 것입니다. 오히려 남극에 가면 감기에 걸리지 않을 거예요. 남극은 춥지만 습도가 사막과 비슷할 정도로 낮아 바이러스가 살 수 없으니까요.

2.

옛날과 비교해서 요즘 모든 생활이 편리해지고 좋아졌을까요? 그렇지 않은 점도 있습니다. 전에는 사람들이 하던 일들을 이제는 기계가 하게 되어서 많은 사람들이 일자리를 잃었습니다. 그리고 의학이 발달되어 오래 살게 되었지만 그만큼 노인 문제도 생겼습니다. 또한 기계의 도움 없이는 아무 것도 할 수 없는 사람들도 많아지고 있다고 합니다. 왜 이런 일이 생겼을까요? 그 원인은 기술의 발달 때문입니다. 기술이 발달하면 좋은 점도 많지만 부정적인 점도 생기게 됩니다.

3.

최근 한국은 아이를 낳지 않거나 적게 낳는 부부들이 많습니다. 이렇게 아이를 적게 낳는 것을 '저출산'이라고 말하는데, 이렇게 저출산이 계속되면 어떤 문제가 일어날까요? 앞으로 사회에서 일할 수 있는 사람들이 줄어들어 사회를 유지하기가 어려워질 것입니다. 또 아이는 적게 낳고 노인은 많아지니까 젊은 사람들이 노인들을 대신해서 모든 것을 해야 하고 노인들을 책임져야 합니다. 그럼, 왜 사람들이 아이를 많이 낳지 않을까요? 여러 가지 원인이 있지만 예전보다 사회에서 계속 활동하고 싶어하는 여성들이 많아졌기 때문입니다. 그리고 결혼 후 자녀를 키우려면 돈이 많이 들기 때문에 아이를 낳지 않는 부부들도 많다고 합니다.

Ⅲ. 04-07

물은 우리 생활에서 아주 중요합니다. 그런데 요즘 이 소중한 물이 점점 더러워지고 있습니다. 이렇게 물을 오염시키는 원인은 여러 가지가 있는데요. 우리가 생활하면서 버리는 물이 바다나 강을 더럽히는 가장 큰 원인이라고 합니다. 그리고 공장에서 나오는 물도 바다를 더럽히고 있는데 이것은 한 나라만의 문제가 아니라 지구 전체의 문제가 되고 있습니다.

이런 물의 오염은 어떤 영향을 줄까요? 물고기들이 이상한 모양으로 변하거나 죽게 되어서 자연에 큰 피해를 줄 것입니다. 그렇게 되면 사람들이 마실 물이 점점 줄어들 수 있고 사람들은 면역이 떨어져 나쁜 질병에 걸릴 수도 있습니다. 1892년 독일에서는 오염된 물을 마시고 8,000명이 죽었고, 1970년대 미국에서는 공장에서 나온 물이 강으로 들어가 모든 물고기들이 죽었습니다.

그런데 이미 오염된 물은 다시 깨끗해질 수는 없을까요? 아닙니다. 한번 더러워진 물도 열심히 노력하면 다시 깨끗한 물로 만들 수 있습니다. 예를 들어 영국의 템즈강은 산업이 발달하면서 물이 심각하게 오염되어서 '죽음의 강'이라고 불리었습니다. 그러나 시민들과 정부가 함께 노력해서 지금은 세계에서 가장 깨끗한 강 중의 하나가 되었습니다.

이처럼 물을 오염시키는 것도 사람들이 하는 것이고, 오염된 물을 다시 깨끗하게 할 수 있는 것도 우리들이 하는 일이니까 물의 오염을 막도록 모두가 노력해야겠습니다.

05 강의 구조(예시 구조) 파악하기

[들어 봅시다]

Ⅰ. 05-01 ~ 03

1) 우리 조상들은 계절에 나는 음식들을 먹으면서 건강을 지켜 왔습니다. 예를 들면, 봄에는 진달래꽃으로 전을 부쳐 먹었는데, 이것을 화전이라고 부릅니다. 그리고 진달래꽃으로 술도 만들었는데, 이 진달래꽃 술은 다른 술보다 더 달고 맛있습니다.
2) 같이 먹으면 좋은 음식도 있고 같이 먹으면 안 좋은 음식도 있습니다. 예를 들어 오이와 당근은 같이 먹으면 좋지 않습니다. 하지만 기름기가 많은 고기를 먹을 때 적포도주를 같이 먹으면 고기의 느끼한 맛이 적어지고 소화도 잘 됩니다.
3) 살이 찌려면 탄수화물을 많이 먹어야 합니다. 예를 들어 쌀밥이나 빵 같은 음식이 있는데요. 이런 음식을 많이 먹으면 에너지로 쓰고 남은 것이 몸에 지방으로 쌓이기 때문에 살이 찌게 됩니다.

Ⅱ. 05-04 ~ 06

1.

외국인들은 한국말을 배울 때 높임말을 아주 어려워합니다. 자신보다 윗사람에게 말할 때 단어와 문법을 다르게 사용해야 하기 때문이지요. 예를 들어 손자가 '할아버지, 밥 먹었어요?'라고 하는 것은 예의가 없는 표현이 됩니다. 이런 경우에는 '밥'이 아니라 '진지'를, '먹었어요?'가 아니라 '드셨어요?'를 사용해서 할아버지를 높여야 합니다.

듣기 지문

2.

여러분, 경제와 패션이 서로 관계가 있을까요? 조사에 의하면 유행하는 패션은 경제와 많은 관계가 있습니다. 예를 들면, 경제가 나빠지면 여성들의 치마 길이가 짧아집니다. 그 이유는 짧은 옷차림을 하면 적은 비용으로 자신을 더 눈에 띄게 만들 수 있다고 생각하기 때문입니다. 경제가 안 좋아지면 빨간색이 유행해서 빨간 립스틱과 빨간 속옷이 잘 팔리는 것도 같은 이유입니다. 이뿐만이 아니라 남자들도 분홍 넥타이를 많이 찾게 되고 머리 염색도 자연스러운 색깔이 아니라 오렌지색이나 빨간색이 유행합니다. 어때요? 여러분도 경제와 패션이 관계가 있는 다른 예를 더 생각해 보세요.

3.

모든 음식들은 각각 고유의 색깔을 가지고 있지요. 그런데 음식의 색깔들은 우리 몸의 각 부분에 미치는 효과가 다릅니다. 예를 들면, 단호박이나 감귤, 망고 같은 노란색 음식은 위가 약한 사람에게 좋습니다. 또한 감자나 양파, 양배추 같은 흰색 음식은 기침을 자주 하는 사람에게 좋고요. 그리고 자주 피로를 느끼는 사람은 시금치나 싱싱한 샐러드 같은 녹색 음식이 좋고요. 물론 몸에 도움이 된다는 색깔의 음식만 먹는 것은 좋지 않습니다. 여러 색깔의 음식을 골고루 먹어서 몸의 모든 부분을 모두 튼튼하게 하는 것이 좋겠지요. 하지만 자신의 몸 상태에 따라 더 도움이 되는 음식을 다른 색깔 음식보다 조금 더 신경 써서 많이 먹는 것은 좋습니다.

Ⅲ. 05-07

요즘 비가 참 많이 오지요? 요즘 날씨가 오늘 강의 주제하고 아주 잘 맞는 것 같습니다. 오늘은 이런 날씨를 이용한 날씨 마케팅에 대해서 알아보고, 여러분도 마케팅 전략을 세워 보는 시간을 갖겠습니다.

날씨는 우리 생활과 아주 많은 관련이 있지요. 여러분도 날씨에 따라 기분이 달라지지요? 먹는 것도 달라지고요. 예를 들면, 비가 오는 날엔 짬뽕이나 라면 같은 음식이 먹고 싶어집니다. 그래서 중국집에서도 비가 오는 날이면 짬뽕의 재료를 더 많이 준비합니다. 또 비가 오는 날에는 물건을 사러 나오는 사람들이 줄기 때문에 고객들을 위해 할인 행사를 하거나 우산을 빌려주거나 선물하는 백화점도 있습니다.

이런 날씨를 잘 활용하면 큰 이익을 볼 수 있습니다. 그래서 최근에 회사들은 날씨의 변화에 따라 미리 전략을 세웁니다. 예를 하나 들면, 지난 겨울, 어느 이동통신 회사는 크리스마스가 얼마 남지 않았을 때 '크리스마스에 눈이 오면 낸 전화요금의 40만 원을 돌려드립니다'라고 광고를 했습니다. 이것은 날씨와 시기를 잘 이용한 건데 크리스마스에 눈이 오기를 바라는 사람들의 마음과 궁금증을 잘 이용한 마케팅이었지요. 이 광고는 실제로 아주 많은 이익을 봤다고 합니다. 어때요, 여러분? 여러분이 사업을 계획한다고 생각하고 날씨 마케팅을 한번 해 보기로 하지요. 어떤 날씨든지 상관없습니다. 자 시작해 보세요.

06 강의 도입부 이해하기

[들어 봅시다]

I. 06-01 ~ 03

1) 여러분 한 주 잘 지냈어요? 우리 지난 시간에는 우리의 생활 속에 숨어 있는 수학에 대해서 여러 가지 이야기를 해 봤습니다. 오늘은 우리의 생활 속에 숨어 있는 과학에 대한 이야기를 하려고 합니다. 우리의 생활 속에는 많은 과학이 숨어 있습니다. 왜 우리는 긴장을 하면 손에 땀이 날까요? 또 왜 모기에 물리면 가려울까요? 오늘은 이런 것들에 대해 하나하나씩 알아봅시다.
2) 오늘 강의는 학생들이 참 많군요. 여기 앉아 있는 학생들 중에는 수학이나 과학에 관심이 많은 학생들도 있겠지만 그렇지 않은 학생들도 있겠지요? 오늘부터 앞으로 3주 동안 과학에 수학이 어떻게 이용되어 왔는지, 수학으로 과학을 풀어 보려고 합니다. 여러분은 모두 뉴턴이 사과나무 아래에 있다가 땅으로 떨어지는 사과를 보고 발견했다고 하는 만유인력을 아시지요? 오늘은 이것을 먼저 알아보지요.
3) 여러분 한 주 잘 지내셨습니까? 지난 시간에 이어서 이번 시간에도 스포츠와 과학의 관계를 알아보려고 합니다. 지난 시간에 이야기했던 것처럼 이제는 스포츠도 과학이라고 이야기하지요? 과학을 이용하여 스포츠가 많이 발전하고 있다는 것은 모든 사람이 다 알고 있는 사실이지요. 이 중에서 오늘은 스케이트 선수의 운동복이나 수영복에 이용되는 과학에 대해 알아봅시다.

II. 06-04 ~ 06

1.

여러분, 안녕하세요? 오늘은 첫 시간이네요. 수업을 시작하기 전에 여러분께 질문을 하나 해 보죠. 지금까지 여러분은 어떤 종류의 글을 써 해 봤습니까? 편지, 메일, 보고서, 자기소개서... 이렇게 우리는 살아가면서 다양한 글을 쓰게 됩니다. 그런데 사람들은 말하기나 읽기, 듣기보다 글 쓰는 것을 더 어려워하는 것 같아요. 왜 그럴까요? 특히 여러분은 외국인이니까 한국어로 글을 쓰라고 하면 아주 어렵겠죠?

오늘은 첫 시간이니까 먼저 사람들이 글을 쓰는 이유, 그리고 글을 잘 쓸 수 있는 방법에 대해서 간단히 설명해 볼게요. 그리고 다음 시간부터는 실제로 글을 쓸 때 어떻게 계획하고 쓸 것인지, 외국인이 글쓰기에서 많이 틀리는 것은 무엇인지 등을 살펴보도록 합시다.

2.

지난 시간에 이어서 오늘도 어떻게 하면 물건을 잘 팔 수 있는지 알아보겠습니다. 지난 시간에도 이야기했지만 모든 회사는 물건을 많이 팔려고 하겠지요? 하지만 물건만 잘 만들면 잘 팔릴까요? 대답은 아니라는 것입니다. 물건을 잘 만드는 것도 중요하지만 그것을 어떻게 파는지도 중요합니다. 우리 지난 시간에는 날씨를 물건의 판매에 이용하는 날씨 마케팅에 대해 설명했지요? 이번 시간에는 상품의 이름이 마케팅에 얼마나 중요한지 알아보려고 합니다. 먼저 상품의 이름 때문에 성공하거나 실패했던 회사들의 예를 이야기해 보겠습니다. 그리고 다음으로는 어떻게 상품의 이름을 지어야 좋은지에 대해 이야기해 보지요.

3.

여러분 안녕하세요? 어때요? 지난 첫 시간에는 사람들이 왜 영화를 즐겨 보는지 그리고 영화의 종류에는 어떤 것들이 있는지 간단하게 살펴봤습니다. 지난 시간에 이어서 이번 시간에는 영화의 역사에 대해 간단히 살펴보려고 합니다. 이를 위해서 먼저 영화가 처음 어떻게 시작되었는지, 그리고 20세기 초의 영화는 어땠는지 알아볼 겁니다. 그리고 다음으로는 20세기 중반의 미국의 할리우드 영화와 그 특징을 알아보고, 1960년대와 70년대 할리우드 영화를 살펴본 후 다양해지고 있는 1990년대 영화를 살펴볼 겁니다. 그리고 시간이 되면 한국의 영화 역사에 대해서도 설명해 드리겠습니다.

Ⅲ. 06-07

우리 지난 시간에는 김치의 종류와 김치가 왜 몸에 좋은지에 대해 알아봤습니다. 어때요? 여러분, 제가 지난 시간에 여러분께 한국 사람들이 언제부터 김치를 먹기 시작했는지 자료를 찾아보라고 했는데 찾아봤어요? 언제부터 한국 사람들은 김치를 먹었을까요? 자, 오늘은 한국 사람들이 언제부터 김치를 먹기 시작했는지, 그리고 김치가 어떻게 변해 왔는지, 그리고 지금 김치는 어떻게 달라지고 있는지를 알아보도록 하겠습니다.

여러분들도 모두 자료를 찾아봐서 알겠지만 김치의 가장 옛날 모습은 소금에 채소를 절이는 것이었습니다. 이미 1600년 전부터 한국에는 채소와 소금이 있었기 때문이었지요. 하지만 그 때의 김치는 지금과는 좀 달랐습니다. 왜냐면 고춧가루가 없었기 때문입니다. 고춧가루는 지금부터 약 400년 전쯤에 일본과 중국에서 들어왔습니다. 아는 사람도 있겠지만, 고추는 콜럼버스가 신대륙을 발견했을 때 아메리카 대륙에 있던 고추를 스페인으로 처음 들여오면서 세상에 알려졌어요. 그 고추가 일본과 중국으로 전해지고 그게 다시 한국으로 전해지면서, 한국의 김치는 지금처럼 빨간 색의 김치가 된 것이지요.

07 강의 종결부 이해하기

[들어 봅시다]

Ⅰ. 07-01 ~ 03

1) 지금까지 지도를 보면서 한국의 도와 광역시의 위치와 특징을 살펴보았습니다. 다시 정리하면 한국에는 9개의 도와 1개의 특별시, 그리고 6개의 광역시가 있는데, 각 지역마다 그 문화와 환경에 맞는 산업이 발달한 것을 알 수 있었습니다. 다음 시간에는 각 지역의 지방 도시를 살펴보겠습니다.
2) 오늘은 한국의 날씨가 한국 문화에 어떤 영향을 주었는지를 살펴보았습니다. 앞에서 설명한 것처럼 한국의 날씨는 지역마다 별로 다르지 않지만 계절에 따라 기온 차이가 크기 때문에 겨울에는 춥지 않고 여름에는 덥지 않은 집 구조를 가지게 되었습니다. 또한 옷도 계절에 따라 다른 재료를 사용하여 추위와 더위를 이기게 했습니다.
3) 자, 지금까지 살펴본 자료들을 보면 서울과 지방은 인구나 교통, 편의 시설 등에서 차이가 크다는 것을 알 수 있었을 겁니다. 이 중에서 특히, 대중교통은 서울과 지방의 차이가 아주 큽니다. 그러니까 서울이 다른 지역보다 대중교통이 훨씬 편리하다고 할 수 있을 겁니다. 자 그럼, 다음 시간에는 서울의 인구가 어떻게 많아지게 되었는지에 대해서 알아보겠습니다.

Ⅱ. 07-04 ~ 06

1.

오늘은 우리의 건강을 지키기 위해서 조심해야 할 것에 대해서 말씀드렸습니다. 정리하면 우리의 식생활과 생활 습관은 건강과 관계가 많은데, 조금 먹고 많이 움직이면 우리의 건강을 지킬 수 있다는 겁니다. 우리가 먹는 음식 중에서는 특히 '지방, 설탕, 소금' 이 세 가지를 적게 먹어야 합니다. 그리고 운동을 많이 하면 이 세 가지가 우리 몸 속에 남지 않습니다. 이 세 가지가 왜 우리 몸에 나쁜지는 앞에서 충분히 말씀드렸으니까 다시 말씀드리지 않겠습니다. 그럼 다음 시간에는 자연 환경과 건강의 관계에 대해서 살펴보겠습니다.

2.

오늘은 한글에 대해서 같이 살펴보았습니다. 한글을 언제, 누가, 왜 만들었는지, 그리고 한글이 얼마나 과학적인지 말씀드렸고, 마지막으로 한글을 누가 사용했는지 살펴보았습니다. 세종대왕께서 한글을 만드신 지도 거의 600년이 되었습니다. 세종대왕의 노력 덕분에 한국 사람들은 600 여년 동안 한글을 사용하고 있고 앞으로도 계속 쓸 것입니다. 다음 시간에는 한국의 전통 음악이 어떻게 발전했는지 알아보려고 합니다. 여러분들은 다음 시간까지 한국 전통 음악에는 어떤 것들이 있는지 조사해 오십시오. 그럼 다음 시간에 만납시다.

3.

마지막으로 막걸리의 효과에 대해 간단히 설명하고 강의를 마치겠습니다. 앞에서 막걸리에 어떤 영양소가 들어 있는지 설명했기 때문에 효과는 간단하게 설명해도 괜찮을 것 같습니다. 무엇보다 건강에 좋은 유산균이 많이 들어 있어서 변비에 도움이 됩니다. 또한 단백질도 우유의 반 정도 들어 있으니까 막걸리 두 잔을 마시면 우유 한 컵을 마시는 것과 같은 효과가 있습니다. 여러분이 잘 아시는 소주와 비교해 보면 소주는 막걸리와 달리 단백질과 유산균이 하나도 안 들어 있습니다. '술은 건강에 나쁘다는 말은 거짓말이다'라고 할 수 있는 술이 막걸리입니다.

그럼 '한국의 전통 술, 막걸리'에 대한 강의는 여기서 마치고 다음 시간에는 '한국의 전통 차'에 대해서 강의를 하겠습니다.

Ⅲ. 07-07

자, 여러분 사춘기와 스트레스가 관계가 있을까요? 없을까요? 아, 먼저, 여러분의 사춘기는 어땠어요? 어른들의 말과 행동은 바보같이 생각되고 어른들이 뭐라고 이야기를 하면 화가 났지요? 왜 어른들이 바보 같아 보이고 어른들 말에 반대로 행동하고 싶어질까요? 이상하지요?

그럼, 이런 사춘기를 전 세계 사람들이 경험할까요? 이걸 알아보기 위해서 학자들이 역사도 연구하고, 세계 여러 나라를 살펴보고, 동물들까지도 조사했습니다. 연구 결과 세계 모든 나라의 사람들에게 그리고 코끼리와 같은 동물들에게도 사춘기가 있었습니다. 그런데 사춘기를 경험하지 않고 사는 사람들이 있었습니다. 그래서 왜 그 사람들에게는 사춘기가 없을까 조사를 했죠. 조사를 해 보니까 거기에 사는 사람들은 다른 지역에 사는 사람들하고는 다르게, 밤마다 모여서 춤을 추고 노래를 불렀습니다. 아이도 어른도 할머니도 모두요. 그래서 학자들은 '날마다 모여서 춤과 노래로 스트레스를 풀기 때문에 사춘기가 없는 것이다' 라고 결론을 내리게 되었습니다. 이렇게 스트레스 때문에 사춘기가 생기는 거라면 사춘기를 좀 쉽게 보내는 방법은 스트레스를 줄이는 것이라고 할 수 있죠?

오늘은 스트레스와 관계있는 여러가지에 대해서 살펴보았습니다. 우리 생활에서 스트레스가 관계되지 않는 일은 없는 것 같습니다. 아마 스트레스를 없애는 약을 만든다면 세계 최고의 부자가 될 것 같습니다. 다음 시간에는 스트레스와 사랑에 대해서 이야기하겠습니다. 감사합니다.

08 화제 전환 이해하기

[들어 봅시다]

I. 08-01 ~ 03

1) 교복이 경제적이라는 의견에 대해서는 충분히 이야기가 되었습니다. 그럼 이번에는, 교복은 무엇을 입을지 신경을 쓰지 않아도 되기 때문에 편하다는 의견에 대해서 같이 이야기해 보겠습니다.
2) 네, 감사합니다. 찬성팀에서는 교복을 입으면 학생인지 아닌지 알 수 있다는 의견을 말씀해 주셨습니다. 다음으로 교복을 입으면 시간을 절약할 수 있다는 의견에 대해서 다른 분들의 말씀을 들어 보겠습니다. 교복을 입으면 어떻게 시간을 절약할 수 있는지 이야기해 주십시오.
3) 교복은 드라이클리닝을 해야 돼서 관리가 힘들다는 의견에 대해 반대팀에서 좀 더 하고 싶은 이야기가 있는 것 같지만 다른 주제도 이야기해야 하기 때문에 다음 주제로 넘어가겠습니다. 교복은 경제적이라는 의견에 대해서 같이 이야기해 봅시다.

II. 08-04 ~ 06

1.

말을 타고 하는 스포츠는 여러 종류가 있지요? 그런데 말을 타고 하는 스포츠에는 어떤 것이 있냐고 질문을 하면 승마라고 대답하는 사람이 많을 겁니다. 이렇게 승마는 말을 타고 하는 대표적인 스포츠입니다. 승마는 말을 타고 걷기도 하고 달리기도 하면서 여러 가지 동작을 하는 운동입니다. 허리와 다리 근육을 튼튼하게 해 주는 전신운동이어서 건강에도 도움이 되고 다이어트 효과도 있습니다. 그런데 승마 경기는 다른 경기와 다른 점이 있습니다. 모든 스포츠 중에서 유일하게 남녀 구분 없이 경기를 합니다. 승마 경기를 하는 것을 보면 남자 선수들이 하다가 여자 선수가 나오는 것을 볼 수 있습니다.

2.

지금까지 1700년대 이후, 즉 조선 후기에 가족 제도와 결혼 제도가 남성 중심으로 바뀌게 된 원인에 대해서 살펴보았습니다. 이런 변화는 사회에 영향을 주었는데, 특히 여성의 생활에 영향을 주게 됩니다. 가족 제도가 남성 중심으로 바뀌었기 때문에 여성은 부모님이 돌아가신 후에 재산을 받지 못하게 되었습니다. 따라서 여성들은 경제적으로 힘들어졌습니다. 그리고 결혼 제도가 남성 중심으로 바뀌면서 남성들은 2명 이상의 부인을 둘 수 있었지만 여성들은 남편이 죽어도 재혼을 할 수 없게 되었습니다. 이러한 두 가지 변화 때문에 여성들은 경제적으로 정신적으로 힘들어지게 되었습니다.

3.

남자1 : 50대 이후의 경제적인 어려움을 해결할 수 있는 가장 좋은 방법은 정년 연장입니다. 정년을 늘리면 늘어난 기간 동안 돈을 더 벌고 모아서 미래를 준비할 수 있습니다.

여자1 : 그렇지만 정년을 연장하면 젊은이들이 취직할 수 있는 기회가 줄어듭니다. 50대에게 계속 일자리를 주는 것도 중요하지만 젊은이들에게 일자리를 만들어 주는 것도 생각해야 합니다. 정년을 연장한 만큼 젊은이를 적게 뽑을 수밖에 없습니다.

여자2 : 네, 맞습니다. 나이 드신 분들이 일자리를 많이 차지하고 있으면 당연히 젊은 사람들의 일자리가 줄게 되겠지요. 그리고 좋은 일자리라고 말할 수 있는 일은 누구나 하고 싶어합니다. 이런 일자리는 나이와 관계가 없습니다. 20대나 50대나 좋아하는 일과 싫어하는 일에서는 큰 차이가 없지요.

남자2 : 20대나 50대나 좋아하고 싫어하는 일이 같다고 하셨지만 일에 따라서 경험있는 사람이 해야 할 일이 있고 젊은이의 에너지가 필요한 일이 있습니다. 정년을 연장해도 젊은이들의 일자리가 줄어들지는 않을 겁니다.

Ⅲ. 08-07

우리는 눈으로 보고 귀로 듣고 혀로 맛을 느낍니다. 그런데 우리는 보고 듣고 먹을 때 눈이나 귀, 혀 하나만 사용하지는 않습니다.

자, 여러분, '어두워서 잘 안 들려요'라는 말에 대해서 어떻게 생각해요? 좀 이상하지요? 그런데 잘 생각해 보면 맞는 말이에요. 우리가 이야기를 할 때 어두워서 상대방이 잘 안 보이면 그 사람의 표정이나 입모양이 안 보이고, 그래서 말이 잘 안 들릴 수 있습니다.

그리고, 또 여러분이 음성메시지 녹음한 것을 들으면 어때요? 여러분 목소리와 같아요? 다른 사람들은 똑같다고 하는데 나만 이상하게 들리지요? 왜 그럴까요? 사람의 코와 귀는 연결되어 있다는 것은 알고 있지요? 코와 귀가 연결되어 있기 때문에 내가 말할 때 내 목소리는 귀와 코, 두 곳을 통해서 듣게 됩니다. 감기에 걸려서 코가 막혔을 때 소리가 잘 안 들리는 것처럼 느껴지는 것도 이것 때문입니다. 그런데 음성메시지를 다시 들을 때는 귀로만 듣게 되지요. 그래서 내가 말할 때 들리는 목소리와 음성메시지의 목소리가 다르게 들리는 겁니다.

이번에는 음식 맛과 코와의 관계를 한번 생각해 보겠어요. 우리는 단맛, 쓴맛, 신맛을 혀로 느낄 수 있는데, 우리가 냄새를 맡지 못한다면 그런 맛을 거의 느낄 수 없습니다. 여러분이 냄새를 맡지 못하면 사과와 양파의 맛을 구분할 수 없어요. 여러분이 코를 막고 양파 한 번, 사과 한 번 먹어 보세요. 똑같이 느낄 겁니다.

이처럼 우리가 느끼는 것은 대부분 신체의 한 부분만 통해서 느끼는 것이 아니라 두 부분 이상을 통해 함께 느끼게 됩니다. 따라서 한 부분에 문제가 생기면 다른 여러 가지 문제가 함께 발생하게 됩니다.

09 강의 듣고 요약하기

[들어 봅시다]

Ⅰ. 09-01 ~ 03

1) 여행사에서 여행하려는 사람의 취미나 비용에 맞추어 좋은 여행지를 안내하거나, 학원에서 학생의 실력을 분석해서 가장 알맞은 프로그램을 제공하는 서비스 등이 있는데요. 이런 것을 고객 맞춤형 마케팅이라고 합니다.
2) 분위기도 좋고 음식도 맛있는 식당을 발견했을 때 자신의 인터넷 블로그에 글과 사진을 올려 소개하는 사람들이 많은데요. 가게 주인들도 자신의 가게를 알리는 카페나 블로그를 만들기도 합니다. 이와 같이 입으로 전달하는 입소문 마케팅도 있습니다.
3) 지하철 안에서 갑자기 노래를 크게 틀어 듣게 한 다음에 음악 CD를 소개하고 파는 사람들도 있고 마술을 보여 주거나 노래를 부른 뒤 상품을 파는 사람들도 있습니다. 이렇게 장소나 시간에 관계없이 갑자기 나타나 상품을 알리고 판매하는 것도 마케팅의 한 방법입니나.

듣기 지문

Ⅱ. 09-04 ~ 06

1.

나라마다 행운을 상징하는 것과 상징하는 내용이 다릅니다. 한국에는 옛날에 쌀을 씻을 때 사용했던 복조리가 있습니다. 12월 마지막날 밤에 복조리를 사서 벽에 걸어 두면 새해에 복을 받는다고 생각했습니다. 러시아에는 마트료시카 인형이 있는데 큰 인형 속에 작은 인형이 들어 있지요. 부부의 침대 위에 놓으면 아이를 가질 수 있다고 믿었습니다. 일본에는 마네키네코라는 한쪽 앞발을 든 고양이 인형이 있는데, 행운과 돈을 부른다고 생각했습니다. 이것 말고 또 어떤 나라에 어떤 행운의 상징들이 있을까요?

2.

'아이보'라는 애완견 로봇을 아십니까? '아이보'는 기쁨과 슬픔 같은 감정을 표현할 줄 알고 주인을 보면 꼬리를 흔듭니다. 현대 사회의 로봇은 주인의 마음을 이해해 주는 친구이고 가족이 될 수 있습니다. 하지만 이런 로봇의 발전에 문제점도 있습니다. 사람들은 누구나 사회 안에서 사람들과의 관계 속에서 생활하고 있어요. 그런데 만약 로봇의 지능이 지금보다 더 높아져서 사람과 비슷하거나 오히려 사람보다 더 높아진다면 몇몇 사람들은 기계인 로봇을 진짜 사람보다 더 따르고 의존하게 될 거예요. 그리고 사람이 할 일을 로봇이 대신하게 되면 회사에서는 사람을 뽑지 않겠지요. 사람들의 일자리가 없는 시대가 올 수도 있어요. 또 로봇이 인간보다 지능이 더 발달해서 사람을 지배하게 되는 무서운 일이 영화에서만의 일이 아닐 수도 있습니다.

3.

세상은 남자가 절반, 여자가 절반으로 이루어져 있지요. 그런데 남자와 여자는 서로 다른 점이 많은 것 같습니다. 먼저, 색깔을 구별하지 못하는 색맹은 남자에게서 더 많이 나타납니다. 그리고 소리를 들을 때는 남자와 여자의 차이가 크지 않지만, 여자는 소리의 종류를 더 잘 구별하고, 남자는 소리가 나는 방향을 더 잘 찾아냅니다. 또한 여자는 남자에 비해 언어 능력이나 언어를 사용하지 않는 의사소통 능력이 뛰어나며, 남자는 여자에 비해 수학 문제를 푸는 수리 능력이 일반적으로 더 좋습니다. 이밖에도 남자와 여자는 신체적으로도 아주 다르지요. 하지만 남자와 여자는 서로 다른 것이지 어느 쪽이 더 뛰어나고 어느 쪽이 못한 것은 아닙니다. 혹시 마음에 안 드는 행동을 해도 서로의 특징이라고 생각하고 이해하면 서로를 더 잘 이해할 수 있을 겁니다.

Ⅲ. 09-07

여러분, 노벨상을 아시지요? 노벨상은 스웨덴의 화학자인 노벨이 기부한 돈으로 전 세계인들의 평화와 행복을 위해 노력한 사람에게 주는 상입니다. 노벨은 폭발 사고로 동생이 죽은 후 안전한 화약을 만들려고 노력해서 다이너마이트를 발명했습니다. 하지만 다이너마이트가 전쟁터에서 사용되면서 많은 사람들이 죽게 되었기 때문에 노벨은 자신의 전 재산을 전 세계 사람들의 미래와 평화를 위해 쓰겠다고 결심했고 노벨 재단을 만들었습니다. 노벨상은 1901년부터 물리학상, 화학상, 의학상, 문학상, 평화상의 다섯 가지 분야에서 상을 주었는데 이후 1969년에 경제학상이 새로 생겨서 현재 모두 여섯 분야에서 상을 주고 있습니다. 노벨상은 세계에서 가장 인정받는 상이라고 할 수 있는데 왜 노벨상이 세계에서 인정을 받고 있는지 아세요? 그 이유는 상을 받는 사람을 아주 엄격하게 선정하기 때문입니다. 상을 주기 전에 한 분야마다 약 1,000명씩 총 6,000여 명에게 수상자를 추천하게 하는데 그 이유를 글로 써서 내야 합니다. 그리고 노벨 위원회는 6,000여 명의 추천받은 사람들을 대상으로 선정하는 일을 하는데 이때 수천 명의 사람들이 연구를 합니다. 그리고 마지막으로 위원회 사람들이 다시 검토하고 최종 수상자를 결정하는데 그 과정은 완벽하게 비밀이라고 해요.

10 토론 듣고 요약하기

[들어 봅시다]

I. 10-01 ~ 03

1) 기술이 필요한 일을 할 사람은 대학교에서 4년 동안 수업을 받을 필요가 없습니다. 중학교나 고등학교 때부터 전문적인 직업교육을 받아서 앞으로 일을 하는 데 도움이 되는 것을 배워야 합니다. 전문 직업을 가질 사람들이 대학 수업을 받는 것은 시간을 낭비하는 일입니다.
2) 대학에서는 공부만 하는 것이 아닙니다. 4년 동안 대학 공부를 하면서 많은 사람들을 만나고 경험을 하게 됩니다. 이를 통해서 자신이 가지고 있던 꿈이 더 커질 수도 있고 자신의 인생 계획이 바뀔 수도 있습니다. 대학에 다니는 것은 시간 낭비가 아닙니다. 인생의 기초를 더 튼튼하게 하는 과정입니다.
3) 제가 외국의 직업교육에 대해 말씀드리겠습니다. 핀란드의 고등학교는 인문학교와 직업학교로 나뉘는데, 직업학교에서는 실제 기술을 배웁니다. 건축학과 2학년이 되면 진짜 집을 짓고 실제로 돈을 받고 팝니다. 이렇게 훈련을 받은 사람과 일반 대학에서 공부한 사람은 차이가 많이 납니다. 대학은 공부를 목적으로 하는 사람만 다녀야 합니다.

II. 10-04 ~ 06

1.

여자 : 저는 남녀가 친구가 된 후에 두 사람이 가까워질수록 친구 관계에서 사랑하는 사이로 바뀌기 때문에 친구 관계가 계속될 수 없다고 생각합니다. 남자와 여자 사이에 사랑하는 마음이 생기는 것은 어쩔 수 없습니다. 따라서 남녀 사이에 어느 정도 알고 지내는 친구는 가능하지만 가장 가까운 친구라고 말할 수 있을 정도의 친구는 불가능하다고 생각합니다.

남자 : 이성 친구에게 사랑하는 감정이 생겼을 때도 친구 관계로 계속 있고 싶다면 서로의 관계가 충분히 유지될 수 있다고 봅니다. 우리는 모든 것을 하고 싶은 대로 하지 않습니다. 사랑하는 감정이 생겨도 우리의 의지로 참을 수 있습니다.

2.

여자 : 미인 대회에서 미인을 뽑는 것과 올림픽에서 가장 잘 한 선수에게 금메달을 주는 것과 무슨 차이가 있습니까? 올림픽에 참가한 선수들은 메달을 따기 위해 열심히 운동합니다. 미인 대회에 참가하는 사람들도 같아요. 예쁘게 보이기 위해서 많은 것을 준비하고 노력합니다. 100m 달리기 선수가 10초 동안에 달리는 멋진 모습을 보여 주는 것처럼 미인 대회에 참가한 사람은 아름다운 표정과 모습을 보여 줍니다.

남자 : 운동경기와 미인 대회는 다릅니다. 100m 달리기 경기를 보고 그 선수처럼 되려고 노력하다가 문제가 생기는 경우는 별로 없습니다. 그렇지만 미인 대회는 미인의 기준을 보여 줍니다. '이런 여자가 미인입니다'라고 말입니다. 미인 대회에 나오는 사람들은 보통 여자들과는 다른 몸매를 가지고 있는데, 그런 기준을 따라야 하는 것처럼 만듭니다. 그래서 심한 다이어트를 하고 성형수술을 하는 부정적인 영향을 줍니다.

3.

사회자 : 오늘은 '한라산 케이블카 설치'에 대한 토론을 하겠습니다. 먼저 찬성팀의 의견을 들어 보겠습니다.

여자 : 한라산에 올라가려면 시간이 많이 걸립니다. 그렇기 때문에 나이가 많은 분이나 어린이들은 한라산에 올

라가는 것이 더 힘듭니다. 또한 겨울에 눈이 오면 한라산에 올라가는 것을 포기해야 합니다. 그런데 케이블카가 있다면 힘들지 않게, 그리고 겨울에도 한라산에 올라갈 수 있습니다. 정리하면 케이블카 설치를 통해서 많은 사람들에게 1년 내내 아름다운 한라산 경치를 즐길 수 있는 기회를 드릴 수 있습니다.

남자: 할아버지, 할머니들과 어린이들이 쉽게 올라갈 수 있게 돕는 것은 좋습니다. 그렇지만 케이블카를 설치하면 케이블카만 생기는 것이 아닙니다. 까만 케이블카 줄, 케이블카 승강장, 승강장 주변의 식당들이 생깁니다. 무엇보다 사람들이 많이 오게 됩니다. 이미 한라산에는 너무 많은 사람들이 오고 있습니다. 더 많아지면 한라산의 자연 파괴는 심각해집니다. 사람이 편해지기 위해서 자연을 파괴할 수는 없습니다. 한 번 파괴된 자연을 다시 살리려면 50배, 100배의 시간이 걸립니다. 서해에서 기름 사고가 났을 때 기사 하나를 읽어 드리겠습니다. '사고 한 달, 100만 명이 도우러 왔으나 아직도 서해는 까맣다'. 100만 명이 한 달 동안 청소했는데도 다 못했습니다. 이 기사에 따르면 완전히 깨끗해지려면 20년이 걸릴 수도 있다고 합니다.

Ⅲ. 10-07

사회자 : 오늘은 청소년의 게임 중독을 막기 위해 밤 12시부터 그 다음날 새벽 6시까지 게임을 못하도록 하는 '셧다운제'에 대해서 토론을 하겠습니다. 먼저 찬성팀부터 말씀해 주십시오.

여자1 : '셧다운제'에 찬성하는 가장 큰 이유는 청소년들이 밤 12시부터 새벽 6시 사이에 게임을 하면 건강과 학교 공부에 나쁜 영향을 주기 때문입니다. 청소년은 그 시간에 잠을 자야 합니다. 그 시간에 잠을 자지 않고 게임을 하는 것은 청소년의 건강뿐만 아니라 신체 성장에도 좋지 않은 영향을 줍니다. 청소년들은 잠을 자는 동안 성장한다는 것은 모두 아시지요? 또한, 밤에 잠을 못 잤기 때문에 졸려서 학교 수업을 제대로 받을 수 없게 됩니다.

남자 : 청소년의 건강과 학습을 위한 일이라면 저도 찬성합니다. 그런데, 밤 12시 이후에 게임을 못 하게 하는 것이 가능할까요? 법을 만드는 것은 가능하지만 학생들이 그 법을 지킬까요? 안 지키면 어떻게 합니까? 밤마다 청소년들이 자는지 게임을 하는지 보러 갈 수도 없습니다. 찬성팀에서는 청소년이 컴퓨터 게임을 시작하면 컴퓨터가 꺼지게 하는 방법을 쓴다고 하셨는데요. 그런 방법이 아무 효과가 없다는 것은 누구나 알고 있는 사실입니다.

여자2 : 네, 맞습니다. 좀 더 설명을 해 드리면, 청소년들이 게임 사이트에 들어갔을 때 12시에 컴퓨터를 꺼지게 해 놓아도 청소년들은 다른 ID로 들어가서 얼마든지 게임을 할 수 있다는 말입니다. 다시 말하면 이름과 주민등록번호만 알면 ID는 얼마든지 만들 수 있습니다. 청소년들은 부모님 주민등록번호는 당연히 알고 있고, 할아버지 할머니 주민등록번호도 알려고 하면 충분히 알 수 있습니다.

모범 답안

01 주제 파악하기

Ⅰ.

1) ① 물을 잘 마시는 방법
2) ② 물의 중요성
3) ③ 물의 종류

Ⅱ.

1. 1) 꽃을 오래 두는 방법에 대한 강의
   2) 꽃을 오래 두려면 꽃병에 사이다나 식초를 넣습니다. 또는 꽃줄기의 끝부분을 자주 가위로 잘라 줍니다.
2. 1) ❶
   2) 단 것이 이 원숭이의 몸에 좋지 않기 때문에 과일을 먹지 않습니다.
3. 1) 초파리의 특징
   2) ❶ ○ ❷ × ❸ ○ ❹ ×
   3) 25도~30도

Ⅲ.

1. 외래어에 대한 강의
2.

외래어는?	외국에서 들어온 말로 한국어처럼 쓰이는 단어
외래어의 예	버스, 택시, 피자, 콜라

3. ❶ ○ ❷ × ❸ ×

02 중심 내용 파악하기

Ⅰ.

1) 초등학생이 휴대전화를 사용하는 것에 찬성합니다.
2)
3) 초등학생이 휴대전화를 사용하는 것에 반대합니다.

Ⅱ.

1. 1) ❶
   2) ❸, ❹
2. 1) ❶
   2)

술	담배
• 취합니다	• 취하지 않습니다
• 계속 마시지 못합니다	• 계속 피울 수 있습니다

3. 1)

남자	□ 좋습니다	☑ 나쁩니다
여자	☑ 좋습니다	□ 나쁩니다

   2)

남자가 그렇게 생각하는 이유	❸
여자가 그렇게 생각하는 이유	❹

Ⅲ.

1. 즐겁게 할 수 있는 일을 해야 합니다.
2. ❹
3. ❶

03 강의 구조(병렬식 구조) 파악하기

Ⅰ.

1) 김치, 비빔밥
2) 오징어, 막걸리와 빈대떡
3) 몸과 눈의 피로를 풀어준다.

Ⅱ.

1. 1) ❷ 2) ❶, ❷
2. 1) 환경오염을 줄이는 방법
   2)
   - 첫째, 쓰레기를 줄여야 합니다.
   - 둘째, 자가용보다는 대중교통 수단을 이용하는 것이 좋습니다.
   - 셋째, 에너지를 절약하기 위해 노력해야 합니다.
3. 1) ❹

모범 답안

2)

- 좋은 쌀을 골라야 합니다.
- 쌀을 씻은 첫 번째 물은 빨리 버리는 것이 좋습니다.
- 맑고 깨끗한 생수로 지어야 합니다.

Ⅲ.

1. ❹

2.

첫째	다른 사람에게 선물 같은 것을 받으면 그 사람에게 좋은 마음을 갖게 됩니다.
둘째	외모가 좋거나 인상이 좋은 사람을 보면 그렇지 않은 사람보다 더 친절하며 나에게 도움을 줄 것 같은 느낌을 받습니다.
셋째	사람들은 조금밖에 없는 것을 더 좋은 것으로 생각하고 가지고 싶어합니다.

3.

첫째	꼭 필요한 것은 아닌데 가게에 하나밖에 안 남아서 샀습니다.
둘째	나에게 한턱낸 친구가 부탁을 해서 쉽게 들어주었습니다.
셋째	예쁜 판매원이 파는 가방이 예뻐 보여서 하나 샀습니다.

04 강의 구조(인과 구조) 파악하기

Ⅰ.

1)

치아는 왜 중요합니까?	위의 건강에 좋고 생활하는 힘을 주기 때문입니다.
마늘을 왜 주의해서 먹어야 합니까?	수술을 받을 예정이거나 위가 약한 사람에게는 좋지 않습니다.
왜 적은 양을 하루에 6번 자주 먹는 것이 좋습니까?	겉모습에 큰 영향을 주기 때문입니다.

Ⅱ.

1. 1) 건조하기 때문에/습도가 낮기 때문에
   2) ❹
2. 1) ❹
   2) ❶ × ❷ ○ ❸ ○ ❹ ×
3. 1) ❶
   2)

저출산의 원인	저출산의 결과
• 사회에서 계속 활동하고 싶어하는 여성이 많습니다. • 결혼 후 자녀를 키우려면 돈이 많이 듭니다.	• 사회에서 일할 수 있는 사람들이 줄어듭니다. • 젊은 사람들이 노인들을 책임져야 합니다.

Ⅲ.

1. 물의 오염의 원인과 해결 방법
2. 가 – 다 – 나
3. ❶ × ❷ ○ ❸ ○

05 강의 구조(예시 구조) 파악하기

Ⅰ.

1)	살이 찌는 음식
2)	계절 음식
3)	서로 잘 어울리는 음식

Ⅱ.

1. 1) ❸
   2) 할아버지(할아버님), 진지 드셨어요?
2. 1) ❸
   2) ❹
3. 1) 사람의 몸 상태에 맞는 색깔 음식
   2)

위가 안 좋다	녹색 음식
기침을 자주 한다	흰색 음식
금방 피곤해진다	노란색 음식

Ⅲ.

1. 날씨 마케팅
2. 1) 중국집에서는 비가 오는 날이면 짬뽕의 재료를 더 많이 준비합니다.
   2) 백화점에서는 고객들을 위해 할인 행사를 하거나 우산을 빌려주거나 선물합니다.
   3) 이동통신회사는 크리스마스에 눈이 오면 낸 전화요금의 40만 원을 돌려 준다는 광고를 했습니다.

3) ❶ × ❷ × ❸ ○ ❹ ○

06 강의 도입부 이해하기

Ⅰ.

1) 오늘은 — 생활과 과학
2) 오늘부터 — 수학과 과학
3) 지난 시간에 이어서 — 스포츠와 과학

Ⅱ.

1. 1) ❸ 2) ❶, ❹
2. 1) ❹ 2) ❸, ❺
3. 1) ❶, ❷ 2) 영화의 역사
   3) ❸ → ❹ → ❷ → ❶

Ⅲ.

1. ❸
2. 김치가 어떻게 변해 왔을까?, 지금 김치는 어떻게 달라지고 있나?
3. ❶ ○ ❷ ○ ❸ × ❹ ×

07 강의 종결부 이해하기

Ⅰ.

1) 지금까지 — 도와 광역시의 특징
2) 오늘은 — 날씨와 한국 문화
3) 지금까지 — 서울과 지방의 차이

Ⅱ.

1. 1) ❸
   2) 지방, 설탕, 소금
2. 1) (❶) → (❸) → (❷)
   2) 한국 전통 음악에는 어떤 것이 있는지 조사한다.
3. 1)

강의 주제	한국의 전통술 막걸리
다음 강의	한국의 전통차

   2) ❷

Ⅲ.

1. 사춘기와 스트레스의 관계
2. (❶) → (❷) → (❹) → (❸)
3. 사춘기에는 부모님의 말을 듣지 않고 화를 많이 낸다. 원인을 알기 위해 여러 학자들이 조사를 했다. 조사 결과 모든 나라 사람들에게 사춘기가 있었다. 그런데, 사춘기가 없는 사람들이 있었다. 그 사람들은 밤마다 모두 모여서 춤을 추고 노래를 불렀다. 그것이 원인으로 생각된다. 그러므로 사춘기를 쉽게 보내는 방법은 스트레스를 줄이는 것이라고 할 수 있다.

08 화제 전환 이해하기

Ⅰ.

1) ❹ → ❺
2) ❶ → ❷
3) ❸ → ❹

Ⅱ.

1. 1) (❷) → (❹) 2) ❶ ○ ❷ × ❸ ○
2. 1) (❶) → (❹)
   2) 부모님으로부터 재산(유산)을 받지 못했다, 재혼을 할 수 없었다.
3. 1) ❸

모범 답안

2)

	주장 내용	토론 주제에 대한 입장
남자1	❸	찬성
여자1	❹	반대
여자2	❷	반대
남자2	❶	찬성

Ⅲ.

1. ❹

2.

눈과 귀 → 코와 귀 → 혀와 코

3.

1	상대방이 안 보이면 말이 잘 안 들린다.
2	❶ 내 목소리와 녹음된 목소리가 다르게 느껴진다. ❷ 코가 막히면 소리가 잘 안 들린다.
3	코를 막고 음식을 먹으면 사과와 양파를 구분하지 못한다.

09 강의 듣고 요약하기

Ⅰ.

1)
2)
3)

장소나 시간에 관계없이 나타나서 판매하는 마케팅

고객의 상황에 맞추어서 제공하는 마케팅

입소문을 이용하여 상품을 판매하는 마케팅

Ⅱ.

1. 1) 나라마다 행운을 상징하는 것과 내용

2)

한국 / 러시아 / 일본

고양이 인형 / 마트료시카 인형 / 복조리

새해에 복을 받는다. / 행운과 돈을 얻을 수 있다. / 아이를 가질 수 있다.

2. 1) ❸ 2) ❸

3. 1) 여자와 남자의 다른 점

2)

남자와 여자는 매우 다르다.

1. 색깔: 색맹은 남자가 더 많다.
2. 소리: 여자는 소리의 종류를 잘 구별하고,
   남자는 소리의 방향을 더 잘 구별한다.
3. 능력: 여자는 언어 능력과 언어를 사용하지 않는 의사소통 능력이 좋고, 남자는 수학 문제를 푸는 수리 능력이 좋다.

Ⅲ.

1. 노벨상

2.

노벨상이 만들어진 배경	노벨 동생의 화약 사고 → 다이너마이트를 발명 → 전쟁터에서 많은 사람들이 죽음 → 노벨재단을 만들고 노벨상을 줌.
처음 만들어진 노벨상의 분야와 시기	❶ 시기: 1901년 ❷ 분야: 물리학상, 화학상, 의학상, 문학상, 평화상
새로 생긴 노벨상의 분야와 시기	❶ 시기: 1969년 ❷ 분야: 경제학상
노벨상이 세계에서 인정받는 이유	상을 받는 사람을 아주 엄격하게 선정하기 때문이다.

3. ❶ × ❷ ○ ❸ × ❹ ×

10 토론 듣고 요약하기

Ⅰ.

1) 반대
2) 찬성
3) 반대

실제적인 기술 교육을 받은 사람과 그렇지 않은 사람은 차이가 많이 난다.

기술이 필요한 일을 할 사람에게 대학 교육은 시간 낭비이다.

대학 공부를 통해 많은 것을 경험하게 된다.

Ⅱ.

1\. 1) ❷

2)

	요점
여자	남녀는 가까워지면 사랑하는 마음이 생긴다.
남자	남녀 사이에 생기는 사랑하는 감정은 참을 수 있다.

2\. 1) 100m달리기 경기, 올림픽 경기

2)

	요점	찬성/반대
여자	미인 대회와 운동경기는 차이가 없다.	찬성
남자	미인 대회와 운동경기는 다르다. 미인 대회는 부정적인 영향을 준다.	반대

3\. 1)

여자 · · 예를 들었다.

· 자료를 보여 주었다.

· 부족한 내용을 설명했다.

남자 · · 상대방 의견의 문제점을 지적했다.

2)

	요점
여자	케이블카 설치를 통해서 많은 사람에게 산을 즐길 수 있는 기회를 준다.
남자	사람이 편해지기 위해서 자연을 파괴할 수 없다.

Ⅲ.

1.

	요점	이유
여자1	잠을 자야 할 시간에 게임을 하면 안 된다.	건강과 공부에 나쁜 영향을 준다.
남자	법을 만드는 것은 가능하지만 청소년들이 지키지 않는다.	어떤 방법도 효과가 없다.
여자2	청소년이 게임을 시작하면 꺼지게 해도 청소년들은 다른 ID로 들어간다.	청소년들은 얼마든지 어른 ID를 만들 수 있다.

색인

어휘 색인

색인

표현 색인